LE DÉVELOPPEMENT

DE LA

CONSTITUTION ANGLAISE

PAR

EDWARD A. FREEMAN

TRADUCTION

PAR

M. ALEXANDRE DEHAYE

« Concedis justas leges et consuetudines esse tenendas, et
promittis eas per te esse protegendas et ad honorem Dei robo-
randas, *quas vulgus elegerit*, secundum vires tuas ? »

Ancien Serment du Couronnement.

« Rex habet superiorem, Deum. Item Legem, per quam
factus est Rex. Item curiam suam. »

Bracton.

« Igitur communitas regni consulatur,
Et quid universitas sentiat sciatur. »

Poème politique, *XIII cent.*

LE DÉVELOPPEMENT

DE LA

CONSTITUTION ANGLAISE

DEPUIS LES TEMPS LES PLUS RECULÉS
JUSQU'À NOS JOURS

PAR

EDWARD A. FREEMAN

Traduit de l'anglais et précédé d'une Introduction

PAR

M. ALEXANDRE DEHAYE

PARIS

GUILLAUMIN ET Cie, ÉDITEURS

De la Collection des principaux Économistes, du Journal des Économistes,
du Dictionnaire de l'Économie politique,
du Dictionnaire universel du Commerce et de la Navigation, etc.
Rue Richelieu, 14

1877

CORBEIL. — Typ. et stér. de CRÉTÉ.

AVERTISSEMENT DU TRADUCTEUR

J'ai voulu faire connaître au public français un éminent historien de l'Angleterre contemporaine, M. Edward Freeman.

A une science solide et variée M. Freeman unit cette autre qualité plus rare et particulièrement estimée chez nous, le style. Peut-être mériterait-il d'obtenir en France la popularité même de Macaulay. Comme celui-ci, il appartient à cette école histoque qui ne pense pas nuire à la vérité en la décorant des couleurs de la poésie. Ses vues originales, exposées avec une grande clarté, ses narrations vives et nourries de faits, ses convictions énergiques, animées du feu de l'éloquence, réveillent à chaque pas l'intérêt. S'il montre quelque partialité, on le lui pardonne en faveur de la sincérité de son patriotisme. Ses doctrines, éminemment libérales et

a

démocratiques, mais en même temps profondément conservatrices, semblent répondre à la situation politique de notre pays. Le parti libéral français y verra la confirmation des opinions à la fois modérées et progressives, dont la constitution républicaine du 25 février 1875 a sanctionné le triomphe.

Toutes les qualités d'écrivain et de penseur qui distinguent M. Freeman se trouvent surtout réunies dans une de ses dernières et plus courtes publications, son livre sur le *Développement de la Constitution anglaise*, recueil de quelques conférences remarquables, développées et annotées. Le sujet qu'il y traite était de nature, dans les circonstances présentes, à fixer plus sûrement l'attention, outre qu'il n'a cessé de s'imposer en tout temps aux méditations des meilleurs esprits.

C'est donc ce livre que j'ai traduit et que je présente au lecteur. Le publiciste anglais a su, dans un petit espace, y accumuler une telle quantité d'idées et de faits que peu de lectures sont plus substantielles. La forme oratoire qu'il a conservée y ajoute l'attrait d'une émotion peu ordinaire en de si graves études. Telle est du moins l'impression que j'ai ressentie.

Je n'ai rien négligé pour que mon interprétation

n'affaiblît pas trop l'original. Il me reste à souhaiter que le lecteur reconnaisse comme moi dans ce petit volume d'histoire critique un de ces rares ouvrages qui, à la solidité du fonds joignent le mérite et l'agrément de la forme.

INTRODUCTION

Lorsqu'on vit dans des temps cruellement tourmentés comme ceux que traverse aujourd'hui la France, il est naturel de reporter les yeux sur les nations voisines dont l'existence paisible ne connaît ni ces maux ni ces douleurs. Quel dieu veille si fidèlement sur leur sécurité et leur grandeur ? Quel génie malfaisant nous a marqués pour les dissensions et les désastres ? Où trouver l'origine, là, d'une si constante prospérité, ici, d'un si étonnant abaissement ? Où découvrir surtout le remède à une situation que ne comportent ni la puissante vitalité, ni le glorieux passé de notre nation ?

Interrogez la vieille Angleterre. Elle vous dira : « Voyez, regardez nos lois, ces institutions dix fois séculaires qui, non-seulement ont résisté à l'épreuve

du temps et des luttes intestines, mais encore en
ont tiré comme une séve fortifiante qui renouvelait
leur vigueur. Ne cherchez pas autre part : dans ces
institutions mêmes gît le secret de la félicité que
vous nous enviez à bon droit. Et savez-vous quel
principe elles recèlent pour défendre si bien un peuple contre les défaillances et la chute ? La liberté. »

La liberté ! Grande chose et grand nom, qui
effraie les uns, qui exalte les autres, qui a ses obs-
curités pour tous. Au delà du détroit, on lui attribue tous les biens ; en deçà, on n'est pas loin de
lui imputer tous les maux. La vérité n'est-elle pas
que cette force redoutable a besoin d'être maniée
avec une dextérité que nous n'avons pas acquise,
en sorte que notre inexpérience seule doit porter
le poids de nos accusations et de nos reproches ?
N'est-il pas évident que le libre exercice des facul-
tés de l'individu est le nerf d'une société, et que
celle-ci marche à une décadence inévitable, soit
dans les langueurs de l'anémie, si l'individu renonce
à ses droits, soit dans les convulsions d'une anar-
chie mortelle, si le pouvoir les lui conteste ?

L'Angleterre a donc raison de nous vanter ses
institutions libérales. C'est à l'ombre de la liberté
qu'elle a grandi et qu'elle prospère encore si merveilleusement de nos jours ; c'est aussi sous cet

abri tutélaire que la France à son tour, au sortir de tant d'agitations, de perplexités et d'épreuves, pourra se recueillir, accorder les dissentiments qui la partagent, recouvrer ses forces et ménager ses futurs destins. Cette leçon, qui ressortait si claire-ment d'un exemple voisin et qu'avait comprise tout d'abord la sagesse des plus profonds de nos politi-ques, le bon sens national n'a pas tardé davantage à en faire sa loi. Tout nous poussait, heureusement, à la conclusion où ont abouti les derniers événe-ments (a). Les obstacles, l'un après l'autre écartés, ont disparu ; la question trop longtemps pendante a été résolue enfin. Nous inaugurons le système libéral par excellence. Il dépendra de nous qu'il répare le passé et conjure l'avenir. L'heure est so-lennelle, décisive peut-être dans notre histoire. Le devoir incombe à tout ce que notre pays renferme d'esprits sérieux et de cœurs dévoués de travailler à y faciliter le pénible apprentissage de la liberté. Notre honneur y est engagé : il faut confondre ou rassurer ceux qui, avec des sentiments divers, af-firment que nous n'avons ni le tempérament assez robuste, ni l'âme assez grande pour la supporter.

(a) On s'apercevra en plus d'un endroit que notre travail primitif remonte à deux années. La situation avait peu changé jusqu'aux derniers événements.

C'est bien cette fois que la *France nouvelle* prend pied sur la scène du monde. Il faut qu'elle rivalise avec la *vieille Angleterre* (a).

Mais dans cette noble émulation qui se propose à nos efforts, où puiserions-nous des principes plus sains, des exemples plus sûrs que dans l'Angleterre elle-même? (1) Défions-nous des peuples jeunes qui abusent de la liberté; c'est un vin fumeux qui trouble aisément les sens et fait perdre la raison. L'Angleterre, depuis des siècles, a su en user avec une rare prudence et un incroyable bonheur. Ses institutions, par un développement graduel et incessant, qu'on a justement comparé à la croissance d'un arbre vigoureux, ont presque atteint à leur perfection. Ne nous lassons pas de les observer de près et plus attentivement tous les jours. Imitons nos pères : ils n'avaient pas tort de voir dans la constitution anglaise la plus véritable et la plus frappante expression des mœurs d'un peuple d'hommes libres et de sages.

Si les premiers admirateurs, au siècle passé, de ce remarquable établissement politique ont commis une erreur, encore trop répandue maintenant, c'est quand ils se sont persuadé que la Constitution

---

(a) Les notes par lesquelles nous avons cru devoir compléter cette *Introduction* y font suite immédiatement.

anglaise était inséparable de la monarchie. Le souverain y remplit un rôle important, non pas indispensable, et, comme le roi dans l'ancienne Rome, il pourrait disparaître, sans qu'aucun rouage du mécanisme cessât de fonctionner avec sa régularité habituelle. L'absence d'un roi ou d'une reine étonnerait l'Anglais, lui déplairait peut-être; elle n'ajouterait rien à ses droits, ni aux garanties qui les assurent. C'est là un point capital qu'on perd trop souvent de vue, et que les lumières de la critique historique contemporaine ont éclairé d'un jour tout nouveau.

Il est incontestable que les Anglais, préoccupés par-dessus tout de la stabilité de l'État, attachent un grand prix à l'hérédité du pouvoir suprême. L'embarras était de combiner le principe conservateur de l'hérédité avec le principe libéral de l'élection. A vrai dire, ils paraissent contradictoires, et nous n'avons pas cru, chez nous, pouvoir les allier. Nos voisins ont résolu le problème par un compromis subtil, mais adroit et sensé. Lorsque la royauté a prétendu ne tenir ses droits que d'elle-même et les posséder en pleine et personnelle propriété, ils l'ont considérée comme usurpatrice : c'est leur grief capital contre les Stuarts. Mais du jour que cette même royauté a consenti à regarder

a.

son pouvoir comme une simple délégation de la nation représentée par le Parlement, et à n'en jouir que comme d'une espèce d'usufruit, ils l'ont tenue pour légitime. L'opinion, dès lors satisfaite et rassurée, s'est montrée facile aux concessions. Elle a volontiers souffert que le Parlement, comme aux premiers temps de l'histoire nationale, portât son choix de préférence sur les membres d'une seule famille. Elle a permis davantage encore. Le Parlement a pu renoncer à faire ce choix lui-même, et laisser au souverain la faculté de régler à son gré l'ordre de succession au trône pour une ou plusieurs générations. C'était répudier la rigueur abstraite des idées, mais au profit de la pratique des choses. La royauté, ainsi établie, a donc réalisé la perfection possible, s'étayant sur un double droit, l'agrément tacite de la nation et la désignation expresse du chef de la famille régnante, l'élection et l'hérédité.

Telle est la monarchie anglaise. Le Parlement n'a pas abdiqué ses pouvoirs ; il en suspend l'exercice. Au premier écart de la royauté, il interviendrait de nouveau, comme il l'a fait souvent ; il la rappellerait au sentiment de son origine et à l'exécution de ses engagements. Qui ne voit ainsi ce qu'elle a de précaire et combien, à l'examiner de près, elle répond mal à l'idée qu'on se fait généralement d'une monarchie héréditaire? Au lieu d'être la clef de voûte de l'édifice, la royauté n'en est que le fronton et comme la décoration extérieure. La puissance réelle réside ailleurs. On sent vivre sous les apparences un esprit démocratique qui rappelle les origines germaniques de ce « beau système trouvé dans les bois », dans ces forêts où les hommes de guerre (*War-man, Germain*) s'assemblaient pour délibérer en commun et acclamer ou repousser leurs chefs.

Les esprits prévenus qui méconnaissent cette analogie si curieuse et pourtant si vraie entre le système politique anglais et le régime populaire, ont à leur service une objection plus grave que celle de la suprématie ostensible d'un monarque. Ils se prévalent de l'existence d'une aristocratie aussi puissante que célèbre. Mais l'argument est plus spécieux que fondé.

Avant tout, il faut bien le reconnaître, il est même indispensable de le constater, les Anglais ne comprennent pas la démocratie comme nous. Nous y attachons principalement une idée d'égalité ; ils y cherchent surtout l'application du principe de liberté (2). Notre démocratie égalitaire, qui n'est que trop souvent portée à procéder par la force, les

choque, quand elle ne provoque même pas leur dédain ou leur colère. La démocratie libérale (3), telle
que l'avaient réglée les plus fameuses républiques
de l'antiquité (la question de l'esclavage écartée),
est leur idéal politique. Tous les citoyens possèdent
leur droit naturel, inviolable, imprescriptible ; ils
prennent tous leur part à la gestion des affaires
communes. Mais tant s'en faut que cette part doive
être strictement la même pour chacun. Les supé-
riorités de talent, de caractère, de services, de
naissance même et de fortune, peuvent être reconnues, choisies habituellement pour les charges et
les honneurs, entourées de respect, vénérées même
comme quelque chose de sacré (4). La raison est par
là satisfaite et les intérêts généraux en profitent, sans
que les principes soient violés. Bien plus, cette naturelle préférence est dans l'instinct des foules, si
bien que le gouvernement populaire demeure plus
fidèle aux hommes qui le servent bien et les maintient plus solidement aux affaires que le gouvernement des rois lui-même. L'histoire en témoigne
plus d'une fois.

Ainsi le double vice qu'on reproche aux régimes
politiques où le peuple exerce une influence pré-
pondérante, l'instabilité et l'abaissement du niveau
général jusqu'au médiocre ou au pire, disparaît

dans la démocratie, au sens où la prennent les Anglais. Ne serait-ce donc pas la bonne ?

Quoi qu'on puisse penser de leur préférence à ce sujet, la présence d'une noblesse, ou, pour mieux dire, d'une élite, n'est pas incompatible avec le régime démocratique (5). Lorsqu'une aristocratie, comme il est arrivé chez nous, constitue une *caste*, un ordre à part dans la nation, elle oppose un obstacle réel au développement de l'esprit et des institutions populaires ; l'État portât-il le nom de république, on n'y peut voir qu'une république menteuse, un despotisme déguisé. Mais si l'aristocratie n'est autre chose qu'une *classe*, c'est-à-dire une élite de citoyens, à laquelle on n'appartient pas nécessairement par l'unique fait de la naissance, où l'on peut toujours pénétrer, soit par le mérite, soit par la fortune, la chaîne qui rattache les uns aux autres tous les membres de la nation, depuis le plus humble jusqu'au plus puissant, n'est nulle part rompue ; on ne distingue pas véritablement de plébéiens et de nobles ; il n'y a que le peuple, et la démocratie, quoi qu'il semble, repose au fond des mœurs et du gouvernement. C'est précisément ce qui arrive en Angleterre.

La noblesse anglaise ne forme pas une caste. Cette circonstance capitale n'est mise en doute par

personne. On se récrie seulement contre l'immen-
sité de ces propriétés qui, concentrées dans les
mains de ses premières familles, font d'un petit
nombre d'hommes les maîtres du sol. Assurément,
c'est là le côté faible d'un établissement politique
d'ailleurs si parfait, et la France peut, sans excès
d'orgueil, se flatter de l'emporter en ce point sur sa
rivale. Mais le remède se présente à côté du mal,
d'autant mieux que le mal n'a d'autre source qu'un
excès du bien. Si les grands propriétaires sont arrivés en Angleterre à détenir ces immenses étendues
du sol, c'est qu'ils ont été placés de bonne heure
en face de petits possesseurs que le besoin de se
défendre contre la noblesse n'obligeait pas, comme
il est arrivé en France, à se réunir en corporations
inattaquables. Dotés tout d'abord de cette liberté
étrangère à nos paysans, ils ne pensèrent pas avoir
rien à redouter ; ils restèrent isolés, réduits chacun
à leur force individuelle et à leurs ressources privées. Il en résulta que, les uns volontairement, pour
rétablir une situation embarrassée, les autres par
contrainte, incapables de résister à la pression ou
à la violence, se laissèrent peu à peu envelopper,
puis absorber complétement par leurs voisins plus
riches et plus puissants. La liberté, venue plus tard,
comme chez nous, les eût sauvés ; prématurée, elle

les perdit. Mais telle est l'énergie salutaire de cette force, qu'elle suffit à elle seule pour réagir contre les abus dont elle a pu être la cause indirecte. En ce moment même, l'Angleterre n'en met pas d'autre en jeu, et ne l'emploiera pas en vain, pour corriger une anomalie fâcheuse, vice évident de la pratique des choses, mais non du principe des institutions (6).

Le progrès de l'organisation terrienne s'accomplira naturellement tôt ou tard, comme tant d'autres déjà, et ne sera pas l'une des péripéties les moins attachantes de la transformation lente et silencieuse qui se fait aujourd'hui même sous nos yeux dans le régime politique de la Grande-Bretagne. Inaperçue pour la foule, cette transformation, ou pour l'appeler du nom que de récentes théories scientifiques ont mis en faveur, cette évolution commence à frapper vivement les observateurs exercés (7). Comme elle n'est autre chose que le développement rationnel de la constitution anglaise et qu'elle en fait ressortir la nature intime, il est permis d'y trouver une preuve décisive du caractère démocratique des institutions britanniques.

La démocratie s'accommode également de toutes les espèces de gouvernements, et peut exister aussi bien sous le couvert d'une institution monarchique qu'à l'abri d'un établissement républicain. Cependant, lorsqu'elle réside au fond même des institutions, on doit pouvoir la discerner à de certains indices. Il faut surtout que la transition de la monarchie à la république se fasse insensiblement et comme par une pente naturelle. La république en effet est, de toute évidence, le type idéal et parfait sur lequel tend à se modeler, si elle ne s'y est pas arrêtée dès le principe, toute organisation politique vraiment libérale et populaire. S'il s'élève un obstacle qu'il soit nécessaire de renverser, si un revirement complet de l'état de choses devient indispensable, on peut affirmer que la démocratie était absente. Elle survient alors inopinément ; on n'y reconnaît ni la croissance naturelle d'un germe, ni l'action régulière d'une force inhérente et cachée. Que l'on regarde la démocratie en France. Elle était si peu enfermée dans les langes de la royauté, qu'il a fallu la plus formidable des crises pour qu'elle apparût, aux lueurs de sinistres éclairs, dans les orages et la tempête. Le trône a dû s'écrouler avec fracas, et toute une société s'abîmer en jetant un cri de détresse et d'horreur. L'Angleterre eut sa révolution aussi ; mais, toute à la surface, elle ne bouleversa pas de fond en comble, si cruelle qu'elle ait été, les conditions sociales. Elle passa comme un météore, après avoir entravé le mouvement politique, bien loin d'y aider. La royauté, chez nous, trois fois essaya de se redresser du milieu de ses ruines : vain effort! Le sentiment moderne lui était trop hostile pour se prêter à une assimilation durable avec elle. Chez nos voisins, après sa courte éclipse, elle revint briller d'un éclat plus vif et plus pur. Quelle conclusion faut-il en tirer? C'est que le principe démocratique n'était pas chose étrangère et nouvelle dans cette constitution monarchique si tôt rétablie par une nation si jalouse de ses droits. Il en était plutôt l'ame, et, s'il doit s'en dégager un jour, ce ne sera plus pour la détruire dans un effort impuissant et prématuré, mais pour la rajeunir en quelque sorte et en utiliser la dernière séve. Ainsi voit-on un rameau vert et touffu sortir du tronc noueux d'un chêne épuisé par les ans.

Le jour où, par le seul effet de la loi naturelle du progrès, la démocratie anglaise se dépouillera de la forme monarchique, n'est pas arrivé. Il se prépare toutefois (8), et ce sont les symptômes très-visibles de cette évolution qui achèvent de démontrer, en la mettant dans un relief saisissant, la vertu démocratique interne de la constitution anglaise.

Un fait patent, et si souvent signalé qu'il n'est pas

besoin de s'y appesantir, c'est l'amoindrissement continu de la royauté, quelques titres fastueux qu'il lui plaise de prendre, et de la Chambre des lords. Les honneurs leur restent; la réalité du pouvoir les quitte (9). L'auteur du *Développement de la Constitution anglaise* n'est pas le seul à l'avoir remarqué : on ne parle plus guère du *gouvernement de la reine;* une autre expression est entrée dans le langage politique. On dit : *le gouvernement de M. Gladstone, de M. Disraëli.* Le ministre domine tout; le souverain, les lords s'effacent devant le chef du cabinet. Il leur serait à peu près impossible d'opposer une résistance victorieuse à ses desseins. La persuasion, facilitée assurément par un immense prestige, est le seul moyen dont le monarque dispose pour agir sur sa volonté. Un vote hostile de la Chambre haute nuirait plus aux auteurs de ce vote qu'à celui contre qui ils l'auraient dirigé. Le maître incontestable et incontesté, c'est le premier ministre (10). Vingt faits contemporains, bien connus des hommes qui suivent d'un regard soutenu les événements au delà du détroit, l'attesteraient sans peine.

Mais ce premier ministre, qui le choisit en le désignant, ou plutôt en l'imposant au souverain? Qui le soutient? Qui le renverse pour lui en substituer un autre ? On le sait, la Chambre des communes (11). Le chef du gouvernement est absolument à la merci de ce pouvoir supérieur. On ne citerait pas d'exemple en Angleterre, comme on le ferait trop aisément en France, d'un cabinet persistant à durer contre le vœu de la majorité de la Chambre basse, s'appuyât-il même sur la Chambre haute et sur la royauté. Il a le droit d'en appeler à la nation ; il use quelquefois de ce droit, mais la pensée ne lui viendrait jamais, en eût-il le pouvoir, de pousser plus loin la résistance. Si la nation consultée le condamne, bien mieux, ne lui donne pas une approbation éclatante, il s'incline et cède : il rend à la Chambre des communes l'autorité qu'il avait reçue d'elle.

Est-il nécessaire de rappeler la récente retraite d'un premier ministre célèbre ?

La Chambre des communes à son tour, quelle idée convient-il de s'en faire ? Qu'elle soit l'expression fidèle du peuple, surtout depuis les dernières réformes, on n'en saurait douter (12). A part les chefs de l'aristocratie et la royauté qui les préside, tous les membres de la nation y ont leur place assignée. Il ne faudrait même pas croire que la noblesse en soit séparée. La plus haute aristocratie s'est confinée dans la Chambre des lords ; mais toute cette noblesse secondaire de petits barons, de chevaliers, qui, jointe aux *yeomen*, a formé pendant longtemps le noyau le plus compacte de la nation anglaise, se fit incorporer de bonne heure dans la Chambre des communes. Il est donc vrai de dire que celle-ci forme, à elle seule, un tout complet, où ne manque aucun des éléments constitutifs du peuple qui la délègue et qu'elle représente.

On le voit, l'édifice se dresse, majestueux et achevé, fondé sur la base large et solide des citoyens de toutes les classes, constitué par la Chambre des communes qui en est le corps, terminé au sommet par un conseil et par son chef, dans lequel se résume la souveraineté populaire. Retirez un moment, par l'imagination, les pouvoirs parallèles, on pourrait presque dire accessoires, de la Chambre des lords et de la royauté, la construction n'en restera pas moins debout. Vous aurez l'idéal même de la forme républicaine, tel qu'il n'est réalisé dans aucun grand État du monde, et qu'on l'a écarté jusque dans le type sans cesse proposé des républiques modernes, dans les États-Unis d'Amérique (13).

Voilà le terme vers lequel, au jugement des observateurs les plus expérimentés, gravite la constitution anglaise. Loin que ce gouvernement parlementaire soit inhérent à la monarchie, il se prête merveilleusement au progrès et à l'avénement de la démocratie la plus sincère. Pourquoi s'y est-on trompé si longtemps? D'où vient que nos plus grands philosophes politiques du siècle précédent et des écrivains célèbres dans celui-ci n'ont pas su démêler cette vérité, qui semble comme une découverte imprévue? Comment se fait-il que plus d'un excellent esprit y voie encore un paradoxe accueilli volontiers par un sourire de dédain? La raison n'en est peut-être pas difficile à saisir.

De même qu'on prend souvent une fausse démocratie pour la bonne, on se méprend aussi, généralement, sur le sens légitime et vrai du mot *peuple*. Si l'on veut entendre par le peuple une portion distincte et séparée comme par une barrière du reste de la nation, une classe dont les intérêts seraient spéciaux, les souffrances particulières, les devoirs plus pénibles, et qui ne pourrait conquérir ses droits méconnus que par une lutte constante, avouée ou secrète, on s'abuse étrangement. En France, il y a eu un tiers état; il n'y en a pas de quatrième. Cette prétendue classe que, dans notre pays, les partis affectent d'appeler la *bourgeoisie*, embrasse en réalité toute la nation; la bourgeoisie est peuple, comme le peuple est bourgeoisie. Pourquoi le tiers autrefois se distinguait-il de la noblesse? C'est qu'il s'élevait entre tous deux pour ainsi dire un rempart que le premier ne pouvait franchir. Les lois, les mœurs, les caractères, le privilége dans les obligations et les avantages, tout les divisait. La scission était profonde, l'antagonisme naturel. Comment l'observateur impartial découvrirait-il la plus faible analogie entre cette situation passée et celle où se trouvent placées de notre temps, vis-à-vis l'une de l'autre, la classe ouvrière et la classe bourgeoise? Aucun obstacle n'arrête l'artisan qui aspire à une condition supérieure ; aucune loi ne l'enchaîne, aucun préjugé ne l'écarte, aucune préférence ne l'exclut. Que lui faut-il? Ce n'est pas même l'accumulation d'une épargne, souvent impossible, difficile toujours ; c'est le sage emploi du salaire quotidien, la culture de l'esprit, la règle et la convenance introduites dans ses habitudes qu'elles polissent. Le bourgeois est l'homme du peuple affiné ; l'homme du peuple est à son tour, si l'on veut bien ne pas s'offenser de l'expression, le bourgeois à l'état rudimentaire et imparfait. On pouvait, dans l'ancien régime, faire un noble par exception ; dans le nouveau, le développement qui transforme l'individu, dans son ascension hors de la foule jusqu'à l'élite bourgeoise, **est un phénomène naturel et régulier. La noblesse** naissait et grandissait à part, comme certaines forêts des anciens dans un sol sacré, inviolable. La bourgeoisie enfonce ses racines dans la terre commune; c'est la séve même qu'elle y puise qui s'épanouit à sa cime en feuillage et en fleurs.

Le spectacle auquel nous assistons en France est véritablement singulier. Ce ne sont pas les classes dites dirigeantes qui repoussent cette communauté d'intérêts et d'origine avec le peuple. Les classes ouvrières, elles-mêmes les premières, la répudient avec je ne sais quel opiniâtre dépit. Les travailleurs manuels fournissent eux-mêmes tous les jours, comme le prouvent des exemples multipliés, l'élite bourgeoise sortie de leur sein. Ce sont eux pourtant qui affectent de s'isoler dans une sorte de caste, et semblent mettre leur application et leur gloire à entretenir une éternelle inimitié contre ceux qui leur tendent les bras. Le fait est constant, aussi douloureux qu'inexplicable. L'un des leurs, par exemple, au prix des efforts les plus louables, s'est-il détaché des rangs de la multitude; est-il parvenu à se joindre à ce qu'on pourrait appeler l'avant-garde du peuple? A l'instant, ils le renient comme un parjure et un traître qui ne mérite plus que leur mépris ou leur anathème. Ainsi, quand il leur est permis de s'élever, ils n'ont d'autre ambition ja-

louse que de s'immobiliser dans une condition inférieure et d'y faire redescendre ceux qui en sont
sortis.

Les Anglais l'ont bien compris : ce nivellement
par en bas est le danger mortel du régime populaire. S'il y a un principe certain, un fait indénia-
ble, c'est qu'un pays n'est gouverné avec équité,
avec profit et gloire que lorsqu'il est remis aux
mains des citoyens les plus éclairés et les plus
honnêtes. Nulle doctrine ne prévaudra jamais contre cet axiôme du bon sens. Toute l'histoire se dé-
roule à nos yeux pour en démontrer la valeur. Aussi,
qu'est-il arrivé dans les pays où, soit par l'effet d'une
brusque et violente révolution, soit par l'application
d'un système, soit en conséquence de circonstances
historiques spéciales, la foule passionnée et inculte
a été appelée subitement à manier elle-même les
ressorts de l'État? L'administration publique et la
marche des affaires ont tôt ou tard révélé les vices
les plus funestes et engendré les plus désastreux résultats; tout au moins, les mœurs nationales y ont
subi de cruelles atteintes. Cette classe de citoyens,
qu'à l'exclusion des autres on appelle abusivement
le peuple, et qui n'en est qu'une portion, n'a pas
eu le temps d'atteindre au degré d'éducation et de
savoir où les lumières de l'esprit et la perfection du

caractère dirigent le conseil et l'action. Il en résulte
qu'elle ne peut que fausser, quand elle ne le brise
pas, le mécanisme délicat et compliqué d'un gouvernement. Pour cet art supérieur de guider les
destins d'une société, il est besoin d'une mûre
préparation. S'y aventurer au hasard, c'est se perdre
et perdre le pays avec soi (14). C'est le droit indiscutable des couches inférieures, pour rappeler une
expression restée célèbre, de monter à leur tour à la
surface ; il y aurait crime à les en repousser, crime
même à ne pas leur en faciliter l'accès. Mais leur intérêt est de gravir pas à pas les hauteurs, et non de
les escalader. Les fureurs insensées de la première
République en France ont retardé de bientôt un
siècle l'établissement régulier de cette forme idéale
de gouvernement, et il ne deviendra durable aujourd'hui que s'il reste aux mains prudentes qui
ont entrepris de le fonder. Qu'on jette les yeux sur
la République américaine. Elle peut s'enorgueillir
à bon droit de sa puissance et de ses libertés ; elle
a été la patrie de l'héroïsme civil et de la vertu :
elle a reproduit, dans les temps modernes, le plus
magnifique exemplaire des vertus antiques ; mais
l'éruption du venin caché, pour avoir été tardive,
ne s'en est pas moins déclarée à son heure. Comment la République de Washington, de Jefferson,

de Francklin, est-elle devenue, à peine sortie de la plus épouvantable guerre intestine, le théâtre attristant de tant de désordres et de hontes? L'examen de la question est particulièrement instructif.

Lorsque les colonies américaines firent la conquête de leur indépendance, les divers éléments dont se compose une nation, depuis les plus grossiers jusqu'aux plus parfaits, s'étaient mêlés et confondus dès le principe, au milieu du mouvement même de la colonisation, puis de la résistance. Les premiers, bien qu'ils fussent supérieurs, grâce à leur éducation puritaine, à la classe analogue chez d'autres nations, n'eurent donc pas le temps de se polir et de se préparer au rôle actif qu'ils devaient jouer dans la nouvelle patrie affranchie. Quoi de surprenant qu'ils aient porté dans les affaires publiques le génie âpre et incomplet qui leur était propre? Les grands hommes de l'âge d'or disparurent, le souffle répandu par ces âmes héroïques dans le corps social naissant se dissipa peu à peu. Une immigration incessante, composée d'éléments en général inférieurs aux premiers, acheva de troubler l'œuvre du perfectionnement de la foule. A ce moment on vit se faire jour et prédominer peu à peu les instincts vulgaires et égoïstes, la passion effrénée du gain, la faiblesse ou la bizarrerie des esprits, le penchant à la tyrannie, la rude et brutale impatience, l'orgueil sans bornes, autant de causes actives de désorganisation et de trouble. La puissante union américaine se débat maintenant contre ces fléaux qui la rongent, et nul ne peut dire si cette crise redoutable, dont nous voyons le début, sera surmontée par sa sagesse et son bonheur.

Tout autrement en a-t-il été de l'Angleterre. Le germe démocratique, déposé dès l'origine dans sa constitution, après avoir donné une première floraison, y resta comme à l'état latent, agissant avec sûreté, mais lentement et en silence, et dans sa croissance inégale, bien que continue, arrive à peine de nos jours à une seconde et définitive éclosion. Il était dans la nature particulière de ce principe et des institutions qui en découlèrent de ne favoriser l'avénement de la foule qu'au fur et à mesure qu'elle s'était en quelque sorte épurée et avait passé, comme on pourrait dire, au crible d'une éducation sociale (15). Le peuple, en Angleterre, n'a pas cessé un moment de prendre part à l'administration de l'État ; mais il n'exerça ce droit qu'à la condition de se transformer, de devenir comme un peuple nouveau, éclairé, poli, ennobli par le talent, la vertu ou la richesse honnête. Il faut dire à son éloge que, par son caractère calme et sensé, par ses instincts dociles et respectueux, il se prêtait admirablement à ce frein salutaire. Le peuple anglais, de tout temps, a revendiqué fièrement ses libertés publiques et privées, et s'en est assuré la pleine possession, à la différence d'autres pays, comme la France, où le tiers, si remarquable qu'il fût par ses lumières et sa capacité, eut besoin un jour de prétendre à être tout, parce que jusquelà il n'avait été rien. Mais ce même peuple s'est aussi toujours distingué par un rare sentiment d'estime et de soumission vis-à-vis de ceux que leur mérite, leur influence ou leurs charges élevaient à un degré supérieur dans la hiérarchie des citoyens. Il aspirait à y monter avec eux ; mais il regardait comme une condition équitable qu'on n'y parvînt qu'au prix des mêmes travaux. Ainsi les mœurs, de concert avec les lois, établirent, dans une nation si bien douée pour la liberté et peu soucieuse d'une égalité mensongère et périlleuse, une démocratie aussi réelle que celle d'Athènes et de Périclès, dont elle se glorifie à bon droit d'avoir reproduit l'éclatant modèle. Cette démocratie ne se livra pas à la multitude tumultueuse et inculte. Fondée sur l'amélioration graduelle du corps de la nation, elle se confia prudemment à une élite sans cesse renouvelée et sans cesse supérieure à celle qui l'avait devancée. De là sa force et sa durée. Seulement on aperçoit que ce procédé même devait induire en erreur sur la véritable essence et la portée de ce régime politique. Populaire en réalité, il pouvait apparaître comme aristocratique. On avait le spectacle de la plus sage démocratie, dont une longue histoire a prouvé surabondamment les bienfaits. On a cru y voir une oligarchie, et l'on hésite encore aujourd'hui à y chercher la règle et l'exemple dont l'oubli, chez nous, si l'on en juge par plus d'un indice inquiétant, risque de devenir funeste aux récentes conquêtes de notre liberté.

Il n'est pas de meilleure méthode pour bien apprécier l'inspiration secrète, l'harmonie et les tendances de cette constitution anglaise si mal connue, que de remonter aux plus anciennes coutumes d'où elle dérive. Demeurée intacte au fond, malgré les transformations diverses qu'elle a dû subir, elle ne s'est jamais écartée de sa forme primitive ; elle s'en est au contraire constamment rapprochée, et pour dernier progrès y est presque entièrement revenue dans notre siècle (16). Ces antiques institutions sont d'autant plus faciles à étudier qu'elles se sont perpétuées jusqu'à nous chez quelques petits

b.

peuples et dans quelques groupes obscurs qui, échappés pour des causes diverses aux révolutions des grands États, en sont restés à l'organisation de leurs premiers jours. Le type de ces modestes sociétés se retrouve entre autres dans certains cantons de la Suisse, où un Tacite, s'il renaissait, croirait revoir ces tribus germaniques qu'il a si magistralement et si exactement dépeintes. Mêmes assemblées délibératives où chaque citoyen paraît en personne ; même élection des chefs devenus avec le temps de simples magistrats ; même régime de la propriété, même simplicité de mœurs, même fierté mâle et indépendante. C'est le *self-government*, dans toute la force et l'étendue du terme, où les citoyens, tous égaux, tous libres, administrent eux-mêmes leurs affaires en commun. Voilà où les Anglais reconnaissent, avec une satisfaction qui va jusqu'à l'enthousiasme, les origines et le modèle de leur société politique. On sait en effet qu'ils s'enorgueillissent surtout de n'avoir jamais innové, de n'avoir fait qu'aider à l'accroissement successif et à l'expansion de leurs institutions originelles. L'idée révolutionnaire leur est tout à fait étrangère. Ils n'admettent pas cette introduction inattendue d'un élément nouveau, mûri par le travail des penseurs, et venant à son jour changer la direction

des destinées d'un peuple (17). Toute l'histoire n'est
à leurs yeux qu'une longue et constante évolution,
la perpétuité d'une immémoriale tradition. Ils
semblent avoir raison en ce qui concerne leur pays ;
mais il n'a pas été donné à tous les autres de jouir
de cette félicité et de n'avoir qu'à contempler, sa-
tisfaits, le déroulement de leur histoire.

Il est cependant une leçon précieuse que nous
pouvons encore tirer de cet exemple, en nous appro-
priant une qualité maîtresse de ce grand peuple.
Le sujet est d'une importance assez considérable
pour mériter qu'on s'y arrête.

Nous sommes victimes depuis longtemps d'une
tendance fâcheuse, d'un déplorable travers dont
les étrangers nous ont souvent plaints ou raillés :
je veux dire la manie des systèmes dans le gouvernement. Les Anglais surtout s'ébahissent devant
nos constitutions successives, élaborées avec une
méthode minutieuse, où une science profonde s'est
épuisée en subtiles combinaisons, où l'on n'a rien
omis, rien livré au hasard, dont toutes les parties
sont adaptées avec art dans un ensemble imposant, et qui, s'élevant chacune, pour ainsi parler,
comme une forteresse inexpugnable, semblent dé-
fier l'ennemi. Au premier choc, elles s'écroulent,
elles disparaissent, pour faire place à une autre,

non moins solide en apparence, non moins fragile en réalité. Nous commettons trop l'erreur de dédaigner la pratique pour la théorie, de poursuivre l'idée en laissant échapper le fait. Tel est notre génie : il nous faut appliquer aux faits sociaux les méthodes rigoureuses de la pensée (18). Nous n'avons de cesse qu'ils ne soient étiquetés et classés ; nous nous ingénions à les tourmenter en mille manières pour les enfermer dans un moule façonné d'avance ; nous leur imposons une logique serrée et inflexible qui n'est pas la leur et à laquelle il est inévitable qu'ils échappent. De là ces oscillations, ces retours soudains, ces déceptions éternelles. Le progrès, ainsi entravé, devient impossible. Que les Anglais sont plus sages ! Leur génie pratique ne saurait admettre ni ces généralités méthodiques, ni ces systématiques agencements ; les idéologues, avec leur science artificielle et leurs préjugés, leur inspirent une insurmontable aversion. Ce ne sont pas eux qui se forgeraient une douzaine de constitutions durant l'espace de moins d'un siècle, et qui, dans leurs livres, construiraient des systèmes de toutes pièces où l'auteur, acharné à sa pensée abstraite, s'obstine à faire entrer, comme dans un lit de Procuste, les événements, les hommes et les choses. Ils s'en tiennent à l'expérience qui sait toujours se corriger elle-même, à des habitudes qui se prêtent comme naturellement aux besoins de chaque époque. Ils ne veulent d'autre règle que l'usage ; leurs institutions traditionnelles leur suffisent (19). Calmes, attentifs, sans parti pris, ils regardent, ils observent, ils attendent, prêts à porter secours à la partie défaillante du vieil édifice, à combler un vide, à ajouter une construction, en sorte que l'ensemble se renouvelle et se maintient à la fois, dans une perpétuité qui est un rajeunissement continuel. Sous ce rapport, en particulier, leur constitution peut être regardée comme le chef-d'œuvre de la politique humaine. Rien n'en est écrit, comme on sait. Des coutumes immémoriales, des statuts uniquement destinés à les éclaircir ou à les confirmer : c'est là que tout se borne. Mais cette constitution, incorporée à la nation, loin d'être un programme creux et mort comme les nôtres, vit avec elle ; elle coule en quelque sorte dans ses veines avec son sang ; l'Anglais n'a pas besoin de l'apprendre ; il la sait d'instinct, il ne la comprendrait pas autrement. Comme l'enfant devient homme en restant le même être, ainsi s'est-elle successivement transformée, ainsi se transformera-t-elle, sans cesser d'être la vieille loi, chère à tout cœur anglais, d'Alfred-le-Grand et d'Édouard le Confesseur.

Imiterons-nous jamais ces esprits positifs et cir-
conspects ? Consentirons-nous à faire céder la rigi-
dité de nos systèmes abstraits et préconçus à la
mobilité prévue des événements ? Il ne semble pas
téméraire d'en nourrir l'espérance, à voir du
moins les larges traits de la constitution actuelle,
rédigée, il est vrai, sous la pression des circonstances, mais qui n'eût pas été possible sans le
progrès évident de nos mœurs politiques. Elle est
courte, nette, précise. Elle ne fait pas table rase du
passé et ne prétend pas lier l'avenir. C'est la première qui n'affecte pas de se croire immortelle :
plaise à Dieu que, la première aussi, toute dispo-
sée à s'assouplir au gré des événements, elle ne
soit pas brisée sous leur étreinte !

Les considérations qui précèdent s'appuient sur
l'autorité de toute une école moderne de remarquables écrivains anglais (20), et concordent spécialement avec les théories de l'éminent historien dont
j'offre ici au public le curieux ouvrage. Sur tous
les points que je viens d'examiner, M. Freeman me
paraît faire preuve de vues aussi justes que profondes. Je ne puis qu'ajouter mon humble opinion
à la sienne. Mais il en est d'autres où je dois me
séparer de lui et où j'oserai, quel que soit mon res-

pect pour l'érudit et éloquent publiciste, combattre ses sentiments et sa doctrine.

Lorsque, près de cent ans en arrière, les plus
grands esprits et les cœurs les plus généreux qui
aient jamais honoré un peuple, se furent réunis
de toutes les parties de la France pour composer
la plus illustre assemblée des temps modernes,
ils n'hésitèrent pas. Ils déclarèrent à la France
qu'elle était digne et capable de devenir libre, et
ils furent d'avis que les institutions qu'avaient en-
viées pour elle un Voltaire et un Montesquieu devaient être le fondement et la gloire de l'ère nouvelle. D'autres hommes, après eux, s'inspirant de
théories plus séduisantes par leur hardiesse et
leur nouveauté mêmes, et se recommandant d'un
penseur non moins fameux, profitèrent de fautes
peut-être inévitables pour s'emparer de la foule
et l'entraîner par delà les barrières prudemment
élevées. Le *Contrat social* supplanta l'*Esprit des lois ;*
la Convention renversa l'édifice de la Constituante,
et, pour en vouloir agrandir prématurément l'enceinte, risqua d'en ébranler la solide assise. Cette
scission, comme l'événement ne le prouva que
trop, devint fatale, et n'a cessé, depuis lors, de
peser sur nos destinées et sur celles de la révolution. Qui pourra dire combien de calamités nous

eussent été épargnées, à quelle grandeur solide nous fussions parvenus, si, dès cette époque, Républicains et Constitutionnels, ceux-là moins impapatients et moins absolus, ceux-ci plus hardis, mieux instruits aussi de la force interne et de la portée politique de leur principe, avaient résolu de s'entendre, comme ils l'ont fait aujourd'hui, sur le terrain commun de la liberté?

Il y a, dans cet antagonisme des deux philosophies politiques de Rousseau et de Montesquieu, une raison d'être sérieuse, mais purement doctrinale, et qui disparaît lorsqu'on passe du domaine de la théorie à celui des faits (21). Il importe de bien spécifier le point capital qui les divise, mais il importe tout autant de faire remarquer que cette divergence n'exerce pas une influence appréciable sur la pratique des institutions politiques (22). Les deux écoles reconnaissent également à chacun des membres de la cité le droit de donner son avis sur la chose publique. Le suffrage universel, tradition interrompue de nos premiers aïeux, n'est pas moins acclamé par l'une que par l'autre. Mais où elles cessent de s'accorder, c'est quand l'une attribue à ce suffrage une souveraineté absolue que l'autre lui refuse dans ces termes et avec cette portée. L'école de Rousseau place l'origine de la loi dans la volonté de celui qui la fait. Elle ne s'aperçoit pas qu'elle proclame ainsi, à l'image de la tyrannie des rois, le despotisme de la multitude. En accordant à l'individu cette indépendance sans bornes et sans frein, elle méconnaît la règle éternelle du bien, cette loi souveraine qui reste supérieure à toutes nos résolutions, et, bon gré, mal gré, dans notre esprit même, les condamne ou les approuve, suivant qu'elles l'offensent ou s'y conforment. Les disciples de Montesquieu n'acceptent pour maître ni prince, ni noble, ni peuple, ni un homme ni une collection d'hommes. Leur unique souverain, c'est le Bien et le Vrai. S'ils rencontraient quelque part le Vrai absolu, le Bien parfait, ils se soumettraient obéissants. Mais, qui ne le sait? on ne les trouve pas dans notre infirme humanité. C'est donc notre lot d'en reproduire seulement la moins imparfaite expression, d'en recueillir partout jusqu'aux rayons les plus faibles, pour composer de leur ensemble le faisceau le plus fort et le plus lumineux. Voilà pourquoi il ne suffit même pas que l'humble citoyen écoute, suive de loin, contribue à former l'opinion publique. Les parlementaires craintifs qui s'en sont tenus là ont nui à leur autorité et à leur cause, en n'allant pas jusqu'au bout dans les conséquences certaines de leur principe. Il est nécessaire, comme il est juste, que le plus obscur fasse entendre tout au moins l'écho de sa voix dans les grandes délibérations de la nation : c'est en même temps un *devoir* et un *droit* pour la société aussi bien que pour lui (23). Sa part de raison dans la raison générale, se joignant à toutes les autres, contribuera à fixer la portion de justice et de vérité qui servira de loi, jusqu'à ce que cette loi, à la suite d'une enquête nouvelle, soit complétée ou corrigée par une autre. Mais, à aucun titre, de cette intervention légitime, obligée, ne peut naître une souveraineté, en dehors de la justice cherchée en commun et que la société poursuit sans relâche, parce qu'il est possible d'en approcher, jamais d'y atteindre.

M. Freeman se rattache à l'école de Rousseau, celle qui prédomine chez nous. Il est vrai qu'avec le sens pratique qui n'abandonne jamais le théoricien anglais le plus téméraire, il n'hésite pas à s'en affranchir lorsqu'elle le gêne. On le verra refuser plus d'une fois, dans son livre, de la suivre jusqu'au terme rigoureux de ses déductions. Toutefois, la souveraineté absolue de l'individu brille à ses yeux comme un dogme auguste ; il la célèbre avec transport. Ce sera là son plus beau titre auprès des esprits qui nourrissent les mêmes convictions. Pour moi, je ne puis m'extasier, ainsi qu'il fait, devant des hommes, parce qu'ils ne se soumettent qu'à leurs intérêts ou à leurs caprices formulés en lois. Je réserverais plutôt mon admiration pour ceux qui inclinent spontanément leur volonté, reconnue injuste, devant l'idéal de la Raison. Après cette critique, qui peut aussi passer pour un éloge, suivant le point de vue auquel on se met et le camp où l'on se range, j'en hasarderai d'autres. Je pourrais, par exemple, relever l'injustice flagrante avec laquelle l'auteur, tout plein qu'il est de sentiments religieux, juge le catholicisme et la papauté, si ce n'était là un terrain sur lequel un Anglais se montrera toujours intraitable. Mais où je ne voudrais pas désespérer de ma cause, c'est en essayant de le ramener à une appréciation plus équitable et moins partiale de notre race.

Lorsque M. Freeman oppose les Teutons aux Welches, les races latines, qui ne seraient pas aptes à la liberté, aux races germaniques, qui en auraient fait leur monopole, je lui pardonne sa prédilection enthousiaste pour les aïeux dont le sang coule dans ses veines; mais j'en appelle de son patriotisme exalté à sa science même et à sa droiture. Est-il possible de tenir pour non avenus les bienfaits indéniables dont le monde moderne — à part l'Angleterre, s'il faut l'excepter — est redevable à la civilisation romaine ? Et qu'a donc fait de plus pour l'humanité la civilisation germanique ? Sans Rome, eût-elle même existé (24) ? Qui affirmera que les libertés rudes et sauvages qu'abritaient les forêts du Nord eussent jamais été si fécondes, si elles n'avaient senti les souffles du Midi ? Est-il certain que les institutions saxonnes, livrées à elles-mêmes dans l'île britannique et échappant à l'action très-complexe du continent latin, eussent enfanté la constitution libérale dont la nation anglaise est si justement fière ? De célèbres historiens, hors de notre pays, ne nous ont-ils pas enseigné que l'élément aristocratique des sociétés modernes de l'Europe y aurait paru sous les auspices des Germains mêmes, dont la liberté, après tout, n'aurait été qu'un individualisme égoïste et farouche ? Les Romains, au contraire, au su de tous, n'avaient-ils pas savamment organisé le régime communal dans toute l'étendue de leur empire ? Et dans la Grande-Bretagne, ces autochthones, des Celtes, primitivement soumis par les envahisseurs saxons, paraissaient-ils donc si étrangers à tout sentiment de liberté ? Et l'Irlande, où l'ancien droit celtique constate l'usage d'assemblées générales sur une bruyère ou une colline, comme dans la Suisse même, dont M. Freeman fait, en débutant, un tableau si poétique et si flatteur ? Et ces populations des trois îles normandes, restées la propriété des Anglais sur nos côtes, mais si essentiellement françaises, et celles encore du bas Canada, où notre race est sans mélange, qui montrent pourtant une si rare aptitude pour le *self-government*, faut-il donc les passer sous silence? Enfin, pour terminer par le trait le plus frappant, peut-on oublier, sans se rendre coupable d'une criante injustice, qu'une révolution fameuse entre toutes a, la première, non-seulement défini avec solennité, mais généreusement tenté de mettre en pratique tous les droits, sans exception, que réclament légitimement l'homme et le citoyen, et que cette révolution est la *Révolution française?*

A vouloir bien approfondir la question, serait-il même si malaisé de démontrer que la philosophie utilitaire anglaise, en subordonnant la liberté de l'individu aux vicissitudes de l'intérêt général, lui prête un appui moins ferme et plus discutable que la grande école française, qui la fonde sur le caractère sacré et inviolable de la personne humaine? La preuve en est flagrante, sous nos yeux, dans l'Allemagne elle-même. Déjà, en remontant de bon nombre d'années, un revirement singulier s'annonçait chez nos voisins d'outre-Rhin. Le philosophe Hégel se plaignait de la trop large part accordée

dans les institutions anglo-saxonnes à l'initiative individuelle. Aujourd'hui, ce mouvement de réaction
s'y dessine plus nettement encore. Dominée par
des considérations et des circonstances spéciales,
obéissant au besoin d'une étroite cohésion indispensable à l'achèvement de ses desseins, l'Allemagne rompt décidément avec la tradition libérale
de ses aïeux. Ce n'est plus l'indépendance de l'individu qu'elle arbore comme un drapeau sacré,
avec son noble cortége de libertés et de vertus ; le
but qu'elle poursuit, avec une constance et une
rigueur dignes d'une autre cause, c'est la concen-
tration la plus formidable de tous les pouvoirs aux
mains de l'État. Là convergent tous ses efforts,
toutes ses lois, toutes les réformes de sa politique
intérieure et de son administration. L'État dorénavant sera tout ; l'individu n'a qu'un devoir et qu'un
rôle, s'absorber dans l'État. L'enseignement public
s'est donné pour mission de répandre et de conso-
lider la doctrine nouvelle. Les professeurs les plus
renommés, à Berlin et ailleurs, enseignent à leurs
disciples que les races royales et les classes dirigeantes ne doivent pas être discutées, et planent
au-dessus de l'instabilité des opinions; qu'un bon
prince est l'oint du Seigneur, une image terrestre
de la majesté divine, dont la parole n'est pas un

ordre, mais une loi. Nous voilà bien loin des antiques Germains et de leur *Wapnatack*, ce choc des armes qui décidait du choix des chefs et du sort des propositions qu'ils soumettaient à leurs indomptables compagnons !

Ces faits sont notoires ; toutes les voix de la presse les publient journellement. En vérité — peut-on s'écrier — est-ce bien le moment de vanter si magnifiquement et de porter si haut la grande âme germanique?

Non, la liberté n'a jamais été l'apanage d'une race humaine à l'exclusion des autres (25). Ne retrouve-t-on pas le même droit primitif chez tous les peuples à leur naissance? N'a-t-on pas signalé l'analogie des institutions germaniques avec celles mêmes de l'Inde ? Ce qu'il est vrai de dire, c'est que certains peuples, tout en aimant la liberté, ont pu être entraînés à porter leurs préférences ailleurs. Il y a une portion de vérité dans le reproche qui nous est adressé. Oui, la liberté, bien qu'elle nous soit aussi chère qu'à personne, nous touche moins cependant qu'un autre droit, l'égalité : et c'est là notre tort. On peut dire que la passion de l'égalité est le trait dominant de notre caractère national. Cette passion s'est nourrie de notre sourde et ancienne irritation contre le régime des castes ; fortifiée par la longue durée d'un combat nécessaire, souvent quitté, toujours repris; exaspérée par la crainte de voir, après tant d'efforts, lui échapper la victoire enfin remportée. L'âme remplie de cet unique souci, la France — cent ans aussi occupée tout entière à défendre et à recouvrer son indépendance nationale — ne s'est pas habituée à désirer la liberté; elle en a moins compris les avantages et le besoin. Elle s'est inconsciemment abandonnée à tous les pouvoirs qui ont eu la précaution de ne pas la choquer dans ses plus vifs instincts. L'amour de la liberté, n'ayant pu naître ainsi de l'exercice de la vie publique, ne s'est développé en France que tardivement et dans les plus hautes classes, à la faveur d'une culture éminente de l'esprit. Le besoin de l'égalité ne va pas sans quelque alliage; il y entre autre chose que le légitime souci d'un bien personnel. L'analyse y démêle sans peine un élément moins pur, je ne sais quel chagrin inquiet et hostile à la vue des avantages d'autrui, qui en est comme le ferment caché. La liberté au contraire n'inspire qu'un attachement noble, délicat, vierge de tout intérêt inavouable; le détriment de l'un, pour elle, ne peut être le bénéfice de l'autre; elle fleurit au profit de tous. Aussi, pour aiguiser en nous ce goût émoussé de la liberté, avons-nous besoin, dans une plus large mesure peut-être que d'autres peuples, de nous appliquer à une double tâche : d'une part, étendre le domaine trop restreint où, jusqu'ici, la science a été circonscrite dans notre pays ; de l'autre, élever, et, pour ainsi parler, affiner le sentiment public. Hausser le niveau des intelligences et des cœurs : telle est l'œuvre qui sollicite les amis de la liberté. C'est parmi nous un vœu unanime que l'instruction, comme un sang généreux destiné à régénérer la France, coule désormais à profusion dans toutes les veines du corps social, et, par une circulation rapide et incessante, aille y jeter la vie jusqu'à ses extrémités les plus inertes. Mais s'il est un parti politique entre les autres qui la souhaite et s'y dévoue, c'est le parti libéral, parce qu'il cède ainsi à la logique même et à la force de son principe. L'instruction est son plus puissant levier, la condition de son triomphe définitif. Les classes éclairées elles-mêmes, combien peu le sont-elles ? Satisfaites des libertés qui suffisent à leurs intérêts matériels, elles n'en ambitionnent pas d'autres, et font bon marché de celles qui sauvegardent les intérêts moraux, la dignité de l'homme. Descendez l'échelle sociale. Là, on entend par liberté la faculté de tout détruire, de tout oser, de nier tous les devoirs comme de s'arroger tous les droits (26). L'instruction et l'éducation corrigeront ce mal, parce que, s'il est grand, il ne tient pas du moins, on peut s'en convaincre, à notre constitution intime et à notre sang.

On a parlé de décadence ; on a dit que nous fléchissions sous l'héritage héroïque de nos pères et sous le poids de notre révolution. N'a-t-on pas prétendu aussi que l'Angleterre était dégénérée de ses ancêtres et penchait vers sa ruine ? Non, et, quels que soient les symptômes dont on puisse s'effrayer en ce moment, quelles que soient les appréhensions que conçoivent les âmes timides et qu'alimentent en elles des esprits mécontents ou exaltés, ne nous laissons pas aller à un découragement indigne. A l'heure de la décadence, un trouble profond règne partout, dans les régions moyennes comme à la cime et dans les bas-fonds ; l'égoïsme, la peur, tous les sentiments dangereux ou vils envahissent l'être social entier ; comme on ne s'assure sur rien, on dédaigne l'effort, on s'abandonne au hasard ; le regard, qui n'ose percer dans l'avenir, se détourne du côté du passé pour y chercher des motifs de récrimination contre le présent ; le mouvement des esprits et des bras, paralysé, s'arrête ; les sciences ne découvrent plus de nouvelles vérités ; l'industrie n'en cherche plus d'ingénieuses applications ; le commerce recule devant l'audace des entreprises ; le travail, devant la privation de l'épargne ; la pensée perd le goût des hautes spéculations où elle mettait sa gloire, et la philosophie désapprend ses brillants combats ; on voit enfin tous les ressorts se détendre, et la nation, ainsi frappée à mort, n'offre plus que le spectacle d'une langueur oisive, morne, impuissante, si elle ne s'éveille pas pour de honteux plaisirs ou de futiles querelles.

En sommes-nous là, et qui ne reconnaîtra combien ce tableau diffère de la réalité ? Le régime précédent avait pu énerver les caractères et amollir les mœurs. Après la terrible secousse qui nous a ébranlés, les institutions essentiellement libérales que nous avons enfin adoptées, bien qu'elles soient imparfaites encore et ballottées comme dans une tourmente par l'impatience ou l'hésitation des esprits, achèveront de nous arracher à notre torpeur et de nous rendre à notre virile énergie. Il suffit que nous ne refusions pas d'en apprendre le difficile usage.

L'auteur du *Développement de la Constitution anglaise*, du commencement à la fin de son livre, célèbre la liberté. Il en fait le patrimoine et l'honneur de sa race. Je veux bien aller en étudier chez

lui les applications et l'exercice ; quant à la vertu
même qui en est la source, je la revendique à mon
tour pour mon pays, parce que c'est celle des
peuples forts qui peuvent être vaincus, mais se
relèvent toujours de leurs défaites.

ALEXANDRE **DEHAYE.**

Paris, le 5 juin 1877.

NOTES DE L'INTRODUCTION

(1) Ce que disait M. de Rémusat, il y a plus de vingt ans, n'a pas cessé d'être vrai : la constitution anglaise est la meilleure solution européenne du problème de la liberté politique.

Il aurait pu ajouter : aussi bien dans un état républicain que dans une monarchie. C'est ce qu'éclaircira l'ouvrage même de M. Freeman. On y verra que le régime parlementaire observé en Angleterre par Montesquieu et de Lolme n'est plus, en réalité, celui qui fonctionne sous nos yeux. La prépondérance toujours croissante de l'élément populaire en a complétement changé, non pas la nature, mais la manière d'être et la physionomie.

(2) On n'apercevrait cependant qu'une face des choses, si l'on ne remarquait pas que l'égalité civile de toutes les classes du peuple anglais, au-dessous de la pairie, a été entière dès le milieu du moyen âge, à une époque où nous étions bien loin de l'avoir obtenue pour nous-mêmes.

Le droit d'aînesse n'était pas un privilége de la noblesse, mais la loi commune du pays.

(3) Montesquieu :

« La démocratie et l'aristocratie ne sont point des États libres par leur nature. La liberté politique ne se trouve que dans les États modérés. »

Bossuet développe cette pensée. Il explique que « la liberté excessive se détruit elle-même » ; — que, « d'autre part, l'autorité, qui de sa nature croît toujours, dégénère en tyrannie » ; — que « l'intérêt particulier, qui fait que de part et d'autre on pousse plus loin qu'il ne faut même ce qu'on a commencé pour le bien public, ne permet pas qu'on demeure dans des conseils modérés » ; — qu'enfin « entre ces deux extrémités un peuple sage doit trouver le milieu ».

N'est-ce pas là une leçon que nous n'avons jamais eu plus grand besoin d'étudier qu'aujourd'hui même ?

(4) Milton :

> For orders and degrees
> Jar not with liberty, but well consist.

Bossuet, *les Empires* :

« Le peuple le plus jaloux de sa liberté que l'univers ait jamais vu se trouva en même temps le plus soumis à ses magistrats et à la puissance légitime. »

(5) La constitution de la noblesse en Angleterre n'a entraîné que des modifications dans la loi civile. Or, il est de toute évidence que les lois civiles peuvent varier sous le même régime politique, démocratique ou autre, sans en altérer la nature.

(6) Le principe des institutions anglaises est si peu atteint dans cette question que, partout où la libre occupation du sol n'a pas été limitée comme dans la mère patrie, on a vu ce principe déployer à l'instant toute sa force démocratique. Ainsi en Australie, ainsi dans l'Amérique anglaise. Si le droit statutaire a quelque chose d'aristocratique, la coutume saxonne au contraire, la *common law*, était d'essence si populaire qu'elle admit tout d'abord le suffrage universel même. On ne se souvient peut-être pas assez que le suffrage universel fut en vigueur en Angleterre, pour les élections à la Chambre

des communes, jusqu'au règne d'Henri VI, au quinzième siècle, et, pour les élections paroissiales, jusqu'à la Restauration.

Quant à ce qui *touche l'organisation de la* propriété foncière, tout le monde connaît les ligues successivement organisées depuis une dizaine d'années de l'autre côté de la Manche, et les succès qu'elles ont déjà remportés. Mais le travail d'amélioration y date de bien plus loin, et, chose curieuse, préoccupa les rois les premiers. Les Tudor, en particulier, prirent plus d'une mesure utile contre l'accumulation excessive des biensfonds dans les mêmes mains. Les mœurs, jusqu'à présent, ont résisté au bon vouloir même des gouvernements.

(7) Elle s'est lentement opérée et se continue tous les jours par l'effet surtout du progrès silencieux, souterrain en quelque sorte, d'une constitution toute conventionnelle, inconnue à la loi écrite, formée de sous-entendus et d'habitudes, mais d'une puissance irrésistible. C'est à l'étude de cette loi non écrite et si éminemment importante par ses résultats que l'auteur du *Développement de la constitution anglaise* consacre son troisième chapitre, le plus intéressant peut-être de tous.

(8) On essaierait en vain d'enrayer aujourd'hui le mouvement démocratique ; mais la sagesse du peuple et la modération des écrivains qui, comme M. Freeman, dirigent ce mouvement peuvent amplement rassurer l'Angleterre sur toute éventualité funeste. Macaulay s'effrayait à tort. On peut le prévoir : les réformes mêmes les plus graves s'accompliront chez nos voisins à l'heure voulue, sans secousse et sans trouble. Heureuse Angleterre !

(9) Le roi ne prend plus part aux délibérations du cabinet ; il n'a plus le droit de *veto* ; il n'a plus le droit de grâce que sous restriction ; il ne peut plus prendre

de secrétaire politique, et s'il nomme aux charges, son choix est en quelque sorte forcé.

Les Lords — pour ne citer que ce fait — ne peuvent plus se taxer eux-mêmes, car la Chambre des communes est désormais seule souveraine en matière d'impôts. Ils n'ont plus même le droit d'amender les lois de finances. Ils enregistrent, ils exercent un pouvoir modérateur : rien au delà.

(10) Un exemple de l'indépendance du ministère vis-à-vis de la royauté : Lord Palmerston, en 1852, écrivant à Lord Normanby, ambassadeur d'Angleterre à Paris, qu'il approuve le coup d'État, ne communiquant pas sa lettre à la reine, et maintenant son droit de ne pas lui soumettre ses dépêches, ni cette fois ni d'autres.

(11) Depuis 1832 surtout, le pouvoir, qu'exerce en son nom le premier ministre, appartient entièrement à la Chambre des communes. C'est elle qui concentre dans ses mains tout le gouvernement du pays. M. Disraëli lui fait dire quelque part : *l'État, c'est moi*, et rien de plus vrai. Notre auteur ne manque pas de le constater.

En 1832, Guillaume IV rétablit malgré lui et sur les instances des communes l'administration de lord Grey. En 1834, lord Melbourne est ramené au ministère malgré le roi encore. On verra aux notes de M. Freeman comment la reine Victoria fut contrainte de subir Robert Peel, en 1841. En 1851, ce fut le tour de lord Palmerston. Les faits surabondent.

(12) Sous Henri IV, au quinzième siècle, les membres de la Chambre des communes s'intitulaient les *procurateurs et avoués du peuple entier*, « procuratores and attornies for the *whole people*. » De nos jours, et après que la bourgeoisie y a déjà fait irruption en masse à la suite de la réforme de 1832, le corps électoral s'est encore ouvert dans les plus larges proportions aux ouvriers et aux petits commerçants ; on peut donc, sans exagérer,

rendre à la Chambre des communes le titre qu'elle prenait autrefois.

(13) Le nœud du gouvernement anglais est la responsabilité ministérielle, franchement et invariablement pratiquée, d'où résulte l'autorité absolue du comité parlementaire qui a pris la place de l'ancien Conseil privé, et du premier ministre qui en est le chef. C'est ce qu'on a appelé le *gouvernement de cabinet.*

Tout autre est la constitution américaine, où le président peut agir dans la plus complète indépendance du congrès. Il en résulte, aux États-Unis, une dualité de pouvoirs, bien moins conforme assurément au type définitif du gouvernement républicain que l'autorité unique et concentrée que nous constatons en Angleterre.

(14) Montesquieu :

« Le peuple n'est point du tout propre à discuter les affaires, ce qui forme un des plus grands inconvénients de la démocratie. »

Si l'on veut, à l'encontre, remarquer le bienfait capital de cette même démocratie, on n'a qu'à consulter (qui le croirait?) Bossuet lui-même :

« L'avantage que la Grèce tirait du gouvernement qui la charmait, était que les citoyens s'affectionnaient d'autant plus à ce gouvernement qu'ils le conduisaient en commun, et que chaque particulier pouvait parvenir aux premiers honneurs. »

(15) Et cette restriction n'a sûrement rien de contraire à la nature du régime populaire. C'est J.-J. Rousseau qui a dit : « La démocratie peut embrasser tout le peuple ou se restreindre jusqu'à la moitié. »

Montesquieu recommande aussi de ne pas confondre le *pouvoir* du peuple avec sa *liberté.* Le peuple naît libre ; mais il doit acquérir le droit de gouverner.

(16) C'est là un point capital de la thèse que soutient M. Freeman dans son ouvrage. Une observation, même superficielle, peut aisément constater les pas que fait

chaque jour l'Angleterre vers le régime purement démocratique ; mais il est nécessaire d'y regarder de plus près pour démêler au milieu de ces transformations si graves la conclusion naturelle et logique des prémisses mêmes posées dans l'antique constitution. L'état de choses actuel n'est qu'un retour à celui des premiers temps. Il y a progrès, mais progrès en reculant, en remontant aux formes primitives du gouvernement des États libres. Cette manière d'accomplir une révolution en conservant au lieu de détruire, cette sorte de radicalisme rétrospectif n'est pas un des côtés les moins curieux du caractère anglais, et M. Freeman le fait ressortir avec une originalité non moins frappante d'expression et de pensée.

(17) Burke a reconnu cependant qu'on peut sans doute élever un ordre nouveau sans abattre le passé, mais qu'on doit accepter l'influence des idées émises par les grands penseurs et proclamées par les écrivains illustres.

Ce qu'il ne faut pas, c'est que ces idées, comme le fait remarquer M. Villemain dans des pages remarquables sur l'Angleterre, soient de pures abstractions mises au service des passions, et imposées au nom d'une raison prétendue par la violence populaire.

(18) Rousseau :

« On dirait que nous bâtissons notre édifice avec du bois et non pas avec des hommes, tant nous alignons exactement chaque pièce à la règle. »

(19) Il y a bien l'inconvénient des lois multipliées. Voir à ce sujet Hallam, *Moyen âge*, au chapitre de la *Constitution anglaise*.

(20) L'un d'eux, M. Bagehot, vient malheureusement d'être enlevé, par une mort inattendue, aux sciences politiques et sociales qui lui devaient une grande part de leurs derniers progrès.

(21) Rousseau déclare que si le gouvernement démocratique convient aux petits États, le monarchique con-

vient mieux aux grands. Les anciens constitutionnels ne disaient pas autre chose.

(22) La République est au terme de tout libéralisme conséquent et sincère, sinon comme une nécessité, du moins comme un achèvement et une perfection. Mais il s'en faut de tout qu'elle ne s'accommode pas du gouvernement parlementaire. C'est là une erreur que nous a léguée le dix-huitième siècle, neuf encore dans ce genre d'études. Le gouvernement parlementaire, loin de là, est de nature à entraîner, comme par une pente insensible, une monarchie libérale vers la république. On verra, par le présent écrit, qu'il n'est pas difficile d'en trouver la preuve dans l'Angleterre elle-même.

On ne saurait donc trop témoigner de regret, si, pour ne pas mieux comprendre le génie de la constitution anglaise, ou par je ne sais quelle incapacité d'en manier les fragiles ressorts, la France devait renoncer à se la rendre familière et à se l'approprier. Un État républicain peut certainement, sans redouter de mécomptes, aller s'inspirer à ces sources vives du plus pur libéralisme. Bien plus, il y trouverait peut-être plus d'éléments de franche indépendance pour les partis, de concert pour les grands pouvoirs, de stabilité générale enfin que dans la jeune République du nouveau monde.

(23) Montesquieu :

« Dans un État libre, tout homme qui est censé avoir une âme libre doit être gouverné par lui-même. »

(24) Il n'est pas plus possible de nier l'action de Rome sur le monde barbare que l'influence des barbares sur le monde romain. L'abbé Dubos avait raison : ces deux forces devaient contribuer ensemble au progrès général de l'humanité. Le travail commun des races latines et des peuples germains était fait pour les rapprocher par un lien d'amitié, loin de les diviser par des querelles et des haines.

(25) L'évolution démocratique à laquelle assiste notre

siècle tend à répandre partout l'idée de liberté dans le sens où l'entendent les peuples d'origine germanique, celui de l'indépendance souveraine de l'individu. Les anciens, nos pères, si fiers pourtant, si ardents et si délicats pour leurs droits, ne la séparaient pas de l'idée de discipline et de règle.

« Sous ce nom de liberté, dit Bossuet, les Romains se figuraient, avec les Grecs, un État où personne ne fût sujet que de la loi, et où la loi fût plus puissante que les hommes. »

Et qu'appelaient-ils loi ? « La raison même reconnue par tout le peuple. »

N'était-ce pas, en vérité, un magnifique idéal ?

(26) Montesquieu :

« La liberté politique ne consiste pas à faire ce que l'on veut, mais à pouvoir faire ce que l'on doit vouloir. »

PRÉFACE DE L'AUTEUR

Le proverbe « *qui s'excuse s'accuse* » (a) est si ré-
gulièrement retourné contre un auteur qui donne
quelques explications sur l'origine de son travail
qu'il peut être bon de prévenir cette citation en la
faisant soi-même. Je voudrais prier le lecteur de
ne pas juger ces trois chapitres et les notes qui les
accompagnent comme il ferait d'un livre. Si j'avais
à écrire un livre sur la Constitution anglaise, il
serait différent de forme, et, en plusieurs points,
différent de style. Ce que l'on trouvera ici est la
reproduction un peu étendue de deux *Lectures*
(conférences) faites à Leeds et à Bradford en janvier
dernier. J'avais pensé qu'elles pouvaient mériter
de paraître en deux articles de revue ; d'autres personnes ont cru que je rendrais service en les publiant
dans la forme présente. J'ai donc développé la dernière partie de la seconde lecture, qui avait dû être
considérablement abrégée dans l'exposition orale;

(a) Cité en français dans le texte.

de manière à en faire un troisième chapitre, et j'ai ajouté les notes et renseignements qui m'ont paru nécessaires.

Ce que j'en dis est afin qu'on juge ce que je viens d'écrire comme une lecture, et non comme un livre. Dans une lecture publique, il est impossible de s'occuper de toutes les parties que l'on voudrait traiter, et il ne l'est pas moins d'approfondir celles auxquelles on s'est arrêté. Il suffit — parce que c'est tout ce qu'on peut faire — que le choix des sujets soit heureux, et que l'étude des questions ainsi choisies, bien que nécessairement insuffisante, soit du moins aussi consciencieuse que possible. Bien des choses doivent être complétement omises ; beaucoup d'autres ne peuvent être qu'imparfaitement examinées ; il faut captiver l'attention de l'auditoire en en présentant quelques-unes sous une forme plus ambitieusement travaillée que celle qu'on adopterait dans toute autre circonstance. Le but est atteint, si celui qui parle excite chez ses auditeurs un réel intérêt pour le sujet dont il les entretient, et leur inspire le désir de recourir aux sources spéciales d'une science plus exacte. Si je réussis de la sorte à renvoyer tous ceux qui désirent entendre les primitives institutions de notre pays au grand ouvrage du professeur Stubbs — qui n'en est pas moins un grand ouvrage parce qu'il tient dans un espace étonnamment restreint — ma tâche

personnelle sera efficacement accomplie. Dans les
« *Documents pour servir à l'éclaircissement de l'histoire d'Angleterre* » de M. Stubbs (a), le lecteur qui ne
cherche qu'une instruction ordinaire trouvera tout
ce qu'il peut avoir besoin d'apprendre, en même
temps que celui qui songe à écrire un livre ou à
pousser plus loin de minutieuses études y reconnaîtra le meilleur guide pour exécuter son projet.
Les grands documents de l'ancienne histoire d'Angleterre, jusqu'ici dispersés çà et là, sont maintenant réunis pour la première fois, et le sens en
est expliqué dans un exposé suivi, digne du savoir
infaillible et de l'autorité critique du premier des
savants de notre temps.

Pour ma part, mon objet a été de montrer que
les institutions primitives de l'Angleterre et des autres pays teutoniques ne sont pas pure matière à
spéculation curieuse, mais au contraire se rattachent étroitement à notre état politique actuel.
J'ai voulu montrer que, sur nombre de points, nos
primitives institutions nous touchent de beaucoup
plus près et ont plus de rapport avec notre état
actuel que les institutions des âges intermédiaires,
qui, à première vue, semblent s'en rapprocher da-

(a) « Documents illustrative of English History. » Au reste,
pour entrer dans la pensée de l'auteur, nous avons donné à la
suite de la traduction la liste des ouvrages auxquels il renvoie
le plus fréquemment dans ses notes.

vantage. Si la continuité de notre vie nationale est pour beaucoup de personnes un fait historique si difficile à saisir, la permanence de notre vie politique, et la manière dont nous avons si souvent rétrogradé vers les principes mêmes les plus anciens de notre race, est un autre sujet d'étude qui ne les embarrasse pas moins. Mais ceux qui sont en possession des principes libéraux dans la politique moderne ne doivent jamais craindre de remonter dans notre histoire jusqu'à ses plus anciennes origines. Aussi loin du moins qu'il est question de notre race, la liberté y est partout plus ancienne que l'esclavage ; on peut ajouter, la tolérance plus ancienne que la persécution. Notre vieille histoire est le patrimoine du libéral, qui, toujours prêt à accomplir les réformes, est le vrai conservateur ; elle n'est pas celui du soi-disant conservateur qui, en se refusant à ces réformes, contribue de tout son pouvoir à causer la destruction. Un point spécial sur lequel j'ai insisté est la manière dont notre histoire constitutionnelle a été faussée dans les mains des légistes. Il est parfaitement vrai que l'histoire d'Angleterre doit être étudiée dans le livre des Statuts, mais ce doit être dans le livre des Statuts qui ne commence pas plus tard que les Jugements d'Ethelbert (Dooms of Æthelberht).

Comme j'ai eu souvent besoin de tenir pour ac-

cordés des doctrines et des faits que je crois avoir
moi-même établis dans des ouvrages plus considérables, j'ai, dans mes notes, renvoyé fréquemment à ces ouvrages (*a*), au lieu de chercher à
démontrer une seconde fois les mêmes choses.
Dans la partie plus moderne de mon sujet, j'ai
aussi donné tout au long plusieurs extraits, même
d'auteurs très-connus, parce que je sais que le
lecteur est souvent bien aise d'avoir sous les yeux,
au moment même, un passage frappant, sans être
obligé de le chercher dans l'original. D'un autre
côté, j'ai cité, tout au long également, plusieurs extraits des statuts et d'autres documents que beaucoup de personnes n'ont probablement pas sous la
main. Les parties historiques d'un acte du Parlement doivent être étudiées dans les actes mêmes,
et non pas dans les résumés des légistes. Les légistes,
écrivains et orateurs, ont toujours l'air de répéter
ce qu'on a dit avant eux, sans s'être reportés aux
sources originales. On peut en voir un exemple
remarquable dans cette assertion de Blakstone et
d'une foule de légistes après lui, dans le Parlement
et hors du Parlement, que le roi ou la reine est de

(*a*) M. Freeman a publié entre autres une histoire complète et
très-étendue de la *Conquête Normande*, des *Essais historiques*,
l'*Histoire et les Conquêtes des Sarrasins*, un recueil très-cu-
rieux de *Poëmes légendaires et historiques* et des ouvrages
d'histoire à l'usage des jeunes enfants, remarqués pour leur
précision et leur lucidité.

d

droit le chef de l'Église. J'ai à peine besoin de dire que ce titre fut employé par Henri, Édouard et Marie, mais qu'il fut abandonné par Marie, et n'a été repris par aucun autre souverain après elle.

Somerleaze, Wells, 25 mars 1872.

SOMMAIRES DES CHAPITRES (a)

CHAPITRE PREMIER

Les *Landesgemeinden* (assemblées générales des Communes) d'Uri et d'Appenzel. — Quel rapport elles ont avec l'histoire de la Constitution anglaise. — Éléments politiques communs à toute la race teutonique. — Éléments monarchique, aristocratique et démocratique qu'on peut trouver dès le principe. — Les trois classes d'hommes : le noble, le roturier et le serf. — Prédominance universelle de l'esclavage. — Les institutions teutoniques communes à toute la famille arienne. — Témoignage d'Homère. — Description des assemblées des Germains par Tacite. — Continuité des institutions anglaises. — La nationalité anglaise constituée. — Institutions teutoniques importées en Grande-Bretagne par les conquérants anglais. — Effet de l'établissement sur les conquérants. — Extension probable de l'esclavage. — *Earls* et *Churls*. — Progrès du pouvoir royal. — Nature de la royauté. — Caractère spécial de sainteté du roi. — Immémoriale distinction entre les rois et les seigneurs (*Earldormen*). — La royauté n'est pas universelle. — Noms qui expriment la royauté. — Commencement de la royauté en Angleterre. — Fluctuation entre les rois et les seigneurs. —

(a) Ces sommaires sont détachés de la table, à laquelle ils sont joints dans le texte anglais.

Le pouvoir royal fortifié par l'agrandissement du domaine du roi. — Rapports entre le roi et la nation. — Pouvoir du *Grand Conseil* (*Witan*). — Droit d'élection et de déposition. — Progrès du pouvoir royal par la *recommandation* des chefs. — Le *compagnonnage* (*Comitatus*), tel qu'il est décrit par Tacite. — Poëme sur la bataille de Maldon. — Contraste du sentiment des Romains et de celui des Teutons quant au service personnel. — Exemples de service personnel dans les derniers temps. — Le service personnel et la tenure d'une terre n'étaient pas originairement réunis. — Leur union produit la relation féodale. — Progrès des Thanes. — Ils supplantent les comtes (*Earls*). — Effets du changement. — Il est confirmé par la conquête normande.

CHAPITRE II

Développement graduel de la Constitution anglaise. — Nouvelles lois rarement réclamées. — Importance du *précédent*. — Retour aux anciens principes dans la législation moderne. — Amoindrissement des anciennes assemblées nationales. — Constitution du Witenagemot. — Le Witenagemot continué dans la Chambre des lords. — Les Gemots après la conquête normande. — Le droit du roi de faire les convocations. — Les pairies à vie. — Origine de la Chambre des communes. — Comparaison entre les Assemblées nationales anglaise et française. — De l'histoire d'Angleterre et de celle de France en général. — Le cours des événements influencé par de simples particuliers. — Simon de Montfort. — La France sous saint Louis. — Funeste effet de ses vertus. — **Heureux effet des vices des rois angevins** en Angleterre. — Effet du caractère personnel de Guillaume le Conquérant. — Les Normands en Angleterre deviennent graduellement Anglais. — Les Angevins, ni Normands ni Anglais. — Leur amour des étrangers.— Lutte entre le roi et le pape. — Caractère national de l'Église anglaise. — Séparation des juridictions ecclésiastique et laïque sous Guillaume. — Suprématie de la couronne. — Abus de cette suprématie. — Bon côté des prétentions ecclésiastiques. — Intervention des papes dans les affaires anglaises. — Le pape et le roi ligués contre l'Église et la nation anglaises. — Importance de Londres. — Progrès général des villes.— Commencement de représentation. — Chevaliers du comté. — Pouvoirs judiciaires du Parlement. — Les citoyens et les bourgeois pour la première fois convoqués par le comte Simon. — Ses liens avec Bordeaux et Londres. — Le comte Simon étranger. — Respect religieux qu'on lui témoigne ainsi qu'à d'autres grands personnages politiques. — Édouard Ier. — La Constitution définitivement complétée sous son règne. — Nature des derniers changements. — Différence entre la législature anglaise et celles du continent. — Système des États. — Trois États du royaume. — Pas de noblesse en Angleterre.— Pas d'État du clergé à part réellement constitué. — Effets de la réunion de chevaliers et de citoyens dans une seule Chambre. — Origine accidentelle du système des deux Chambres. — Usage impropre de l'expression : « les trois États. » — Progrès de la Chambre des communes. — Accord général des deux Chambres. — Grands pouvoirs des anciens Parlements.— Caractère du quinzième siècle.— Les Parlements moins indépendants. — Amoindrissement des franchises du comté.— Élections populaires de rois. — Signes de l'importance du Parlement. — Caractère du seizième siècle. — Décadence générale des institutions libres en Europe. — Elles se maintiennent

CHAPITRE III

cien droit confirmé par l'élection de Guillaume et de Marie. — La couronne rendue héréditaire par l'acte de *settlement*. — Bon côté de la succession héréditaire dans les temps modernes. — Conclusion.

———

OBSERVATION

Le lecteur rencontrera dans le cours de l'ouvrage deux espèces de notes : les unes, indiquées par des chiffres, sont recueillies à la fin du volume et appartiennent à l'auteur anglais ; les autres, indiquées par des lettres et accompagnant le texte au bas des pages, sont partout celles du traducteur.

Parmi les notes de l'auteur, celles qui n'avaient qu'un intérêt tout spécial d'archéologie, de bibliographie ou de jurisprudence anglaise n'ont pas été maintenues ou ont été abrégées dans la traduction.

LE DÉVELOPPEMENT

DE LA

CONSTITUTION ANGLAISE

DEPUIS LES TEMPS LES PLUS RECULÉS JUSQU'A NOS JOURS.

CHAPITRE PREMIER

Tous les ans, dans certaines parties retirées des vallées et des montagnes de la Suisse, le voyageur assez hardi pour s'aventurer loin des sentiers battus et se mettre en route hors des saisons accoutumées, peut assister à un spectacle qu'aucun autre coin de la terre ne saurait plus lui offrir. Là, qu'il s'arrête et regarde : il pourra ouvrir son âme à l'une de ces émotions que ne ressentira jamais qu'un témoin oculaire, et qu'on n'éprouve dans sa plénitude qu'une fois durant toute une vie, je veux dire le frémissement de joie avec lequel on contemple pour la première fois la liberté face à face dans sa plus pure et plus antique forme. Le voyageur est là dans un pays où les plus vieilles institutions de notre race — institutions dont on peut suivre la trace jusqu'aux époques les plus reculées qu'éclaire l'histoire ou la légende — ont survécu dans leur primitive fraîcheur. Il est dans un pays où une immémoriale liberté, une liberté moins éternelle seulement que les rochers qui la gardent, fait honte à l'antiquité si vantée de royales dynasties qui semblent n'être, en comparaison, que des innovations d'hier. Là, chaque année, par une brillante matinée de printemps, le peuple souverain, qui ne confie pas ses droits à quelques individus détachés de ses rangs, mais les exerce lui-même dans la majesté de sa personne collective, s'assemble à ciel ouvert sur la place du marché ou dans la verte prairie au pied de la montagne, pour faire les lois auxquelles il accorde son obéissance, parce qu'il y voit son œuvre, et choisir les chefs qu'il lui est possible de saluer avec respect, parce qu'ils tiennent leur autorité de lui-même. Voilà un spectacle dont bien peu d'Anglais ont joui ! Je suis l'un de ceux-là, et je compte ce privilége parmi les plus grands honneurs de ma vie. Permettez-moi de vous prier de me suivre par la pensée dans la véritable patrie et au pays natal de la liberté, dans ce pays où il n'est besoin ni de mythe ni de fable pour rien ajouter au sentiment de fraîcheur dont on est ravi la première

fois qu'on foule le sol et qu'on aspire l'air de l'immémoriale démocratie d'Uri (1).

C'est un des premiers jours de mai ; c'est le matin
du dimanche : car on estime dans ce pays que
mieux vaut le jour, mieux vaut l'acte ; on estime
qu'on ne peut pas plus véritablement honorer le
Créateur qu'en usant, dans Sa crainte et dans Sa
présence, du plus beau des dons qu'Il a faits à
l'homme. Mais n'allez pas croire que, parce que le
jour de l'adoration Chrétienne est choisi pour la
grande assemblée annuelle d'une république Chrétienne, les devoirs religieux les plus urgents de ce
jour soient oubliés. Avant que nous autres, dans
notre île sensuelle, nous nous soyons arrachés de nos
lits, les hommes des montagnes, tous, catholiques
et protestants, ont déjà accompli l'adoration du matin dans le temple du Seigneur. Ils ont entendu la
messe du prêtre ou écouté le sermon du pasteur,
avant même que quelques-uns d'entre nous se soient
éveillés en se souvenant que le matin du saint jour
est venu. Aussi, quand je vis des hommes se presser en foule dans l'église encombrée, ou faute d'espace au dedans, s'agenouiller sur la terre nue
près de la porte ouverte ; quand je les vis ensuite
s'avancer de là pour aller s'acquitter des plus
grands devoirs de l'homme et du citoyen, je pus
à peine me défendre de penser à cette parole de la
Sainte Écriture : « Là où est l'Esprit du Seigneur,

là est la liberté. » A partir de la place du marché
d'Altdorf, la petite capitale du canton, la procession poursuit sa route jusqu'au lieu où se tient l'assemblée, à Bözlingen. On voit marcher d'abord la
petite armée du canton, une troupe dont les armes
ne peuvent jamais être employées qu'à repousser
l'envahisseur. Au-dessus d'elle flotte la bannière,
la tête de taureau d'Uri, l'étendard qui conduisit les
guerriers à la victoire dans les champs de Sempach
et de Morgarten. En avant de tout le cortége,
sur les épaules d'hommes revêtus du costume des
âges passés, sont portées les trompes fameuses,
dépouilles du taureau sauvage des anciens jours,
les trompes mêmes dont le son frappa d'une telle
épouvante le cœur intrépide de Charles de Bourgo-
gne. Alors, précédés de leurs licteurs, viennent les
magistrats de la république, à cheval; leur chef, le
Landammann, porte l'épée au côté. Les citoyens
suivent les chefs qu'ils ont choisis jusqu'au siége
de l'assemblée, une enceinte dans une verte prairie,
avec une forêt de pins s'élevant sur leurs têtes, et
une puissante arête de la chaîne de montagnes
leur faisant face de l'autre côté de la vallée. La
foule des hommes libres prend place autour du
premier magistrat de la république, dont les fonctions expirent ce jour-là.

L'assemblée ouvre la séance. Quelques instants
d'abord sont donnés à la prière, prière silencieuse

adressée par chacun dans le temple que Dieu lui-
même s'est élevé ; puis viennent les affaires du jour.
Si des changements à la loi sont réclamés, on les
soumet au vote de l'assemblée, dans laquelle tout
citoyen de l'âge requis a un suffrage égal et un égal
droit à la parole. Les magistrats de l'année ont
maintenant achevé leur tâche ; la durée de leur
charge est arrivée à son terme ; le dépôt qui avait
été remis en leurs mains retourne aux mains de
ceux qui le leur avaient confié, aux mains du
peuple souverain. Le chef de la république, qui
dès ce moment ne l'est plus, quitte son siége de
magistrat, et prend place comme un simple citoyen
dans les rangs de ses égaux. Il dépend de la libre
volonté de l'assemblée de le rappeler à son siége,
ou d'y en mettre un autre à sa place. Les gens qui
n'ont pris la peine, ni d'étudier attentivement l'histoire du passé, ni même d'observer ce qui arrive
d'année en année de leur propre temps, se com-
plaisent à déclamer contre le caprice et l'ingrati-
tude du peuple, et à nous répéter que, sous un
gouvernement démocratique, ni les hommes choisis, ni les mesures prises ne peuvent durer une
heure sans qu'on les change. Le témoignage, à la
fois du présent et du passé, est la réponse à des
théories sans fondement comme celles-là. L'esprit qui animait la démocratique Athènes, quand
elle maintenait, d'année en année, dans les plus

hautes fonctions le patricien Périclès et le réactionnaire Phocion, vit encore parmi les démocraties
de la Suisse, aussi bien dans l'assemblée communale (*Landesgemeinde*) d'Uri que dans l'assemblée fédérale de Berne. Les ministres des rois, que
ces rois soient despotiques ou constitutionnels,
peuvent envier sans l'espérer la stabilité des charges
de ceux que la voix du peuple appelle au gouvernement. Aussi bien dans la confédération entière que
dans le canton isolé, la réélection est la règle ; le
renvoi du magistrat sortant est la rare exception (2).
Le Landammann d'Uri, que ses concitoyens ont
élevé au siége d'honneur, et qui n'a rien fait pour
perdre leur confiance, n'a pas à craindre, après être
arrivé au lieu de réunion dans toute la pompe de
sa charge, de voir sa place, dans la marche solennelle du retour, donnée contre son gré à un autre.

Telle est la scène qui, sauf un moment, lorsque le monde fut bouleversé par les invasions
de la France révolutionnaire (3), s'est perpétuée
d'année en année, aussi loin que remonte l'histoire des plus immuables des États européens. Veuil-
lez, je vous prie, me suivre encore à l'endroit
où se réunit l'assemblée d'un membre plus jeune
de cette même et noble association de républiques,
et passer avec moi d'Uri à Appenzell, des vertes
prairies de Bözlingen au flanc des collines où s'é-
tend la place du marché de Trogen.

Quelque chose de la pompe et des circonstances qui distinguent l'assemblée du canton catholique et pastoral d'Uri fait défaut dans l'assemblée de la population protestante et industrielle des Rhodes extérieures d'Appenzell. Mais le sceau de l'antiquité, le sceau d'une immémoriale liberté est également imprimé sur l'assemblée et sur la vie tout entière de l'une comme de l'autre république. Nous perdons dans Appenzell la procession solennelle, les magistrats à cheval, la pompe militaire d'Uri ; mais nous trouvons à la place une coutume immémoriale qui respire peut-être plus qu'aucune autre le souffle de ces temps où la liberté n'était pas une chose qui allât de soi, mais un bien pour lequel les hommes devaient donner leur peine, et, s'il était besoin, leur sang. Chacun de ceux qui se rendent à l'assemblée des communes de Trogen attache à son côté l'épée que la loi lui ordonne de porter et lui défend en même temps de tirer jamais. Puis, dans le cérémonial de l'assemblée elle-même, les hommes d'Appenzell ont conservé un ancien usage qui surpasse tout ce que j'ai jamais vu ou entendu dire, dans son émouvante solennité. Lorsque le Landammann nouvellement élu prend possession de sa charge, son premier devoir est de s'engager par serment à obéir aux lois de la république qu'il est appelé à gouverner. Son second devoir est de faire prêter à la multitude, devant lui, le même ser-

ment que celui par lequel il vient de se lier lui-
même. Lorsqu'on entend la voix de milliers d'hommes libres jurant ainsi d'obéir aux lois qu'ils ont
faites eux-mêmes, il y a là un moment qu'on ne
peut plus oublier de la vie, un moment qui vaudrait
à lui seul qu'on entreprît un bien plus long et plus
pénible voyage que celui d'Appenzell ou d'Uri.

Et maintenant on pourrait me demander pourquoi j'ai commencé un entretien sur la constitution
de l'Angleterre par une peinture des usages de deux
petites républiques dont l'état politique et social
est si complétement différent du nôtre. Je réponds
que j'ai agi ainsi, parce que mon objet n'est pas
simplement d'étudier la constitution de l'Angleterre
dans la forme que quatorze cents ans de changements successifs lui ont à la fin donnée, mais de
suivre à la trace ces changements mêmes en remontant aux époques les plus reculées que l'histoire ou la tradition met sous nos yeux. Dans les
institutions d'Uri et d'Appenzell, comme dans toutes celles des cantons suisses qui ne se sont jamais
écartées du modèle originaire, nous pouvons reconnaître les institutions de nos propres ancêtres, institutions qui furent jadis communes à la race teutonique tout entière, dont la forme extérieure a
nécessairement disparu dans de plus grands États,
mais qui renferment les germes d'où est sortie toute
constitution libre dans le monde. Jetons seulement

un regard en arrière sur la plus ancienne peinture
que l'histoire nous ait conservée de l'existence politique et sociale de nos pères. La *Germanie* de Tacite nous présente le tableau des institutions de la
race teutonique, avant qu'une branche de cette race
fît voile des bouches de l'Elbe et du Weser pour
venir chercher de nouvelles demeures sur les rives
de l'Humber et de la Tamise. Or, dans ce portrait
de nos pères et de nos frères il y a dix-sept cents
ans, la libre assemblée des Teutons, l'assemblée de
tout le peuple en armes, apparaît à nos yeux, à peu
près la même, dans tous les points essentiels, qu'on
peut la voir encore à Uri, à Unterwalden, à Glaris
et à Appenzell.

Il y a un point cependant qu'il faut bien avoir présent à l'esprit. Dans les assemblées de ces petits cantons, c'est seulement le côté le plus démocratique
de la vieille constitution teutonique qui s'offre d'une
manière saillante à la vue. La république d'Uri, en
raison des circonstances particulières de son histoire, grandit jusqu'à devenir un État souverain et
indépendant. Mais, à l'origine, ce n'était pas une nation, ce n'était pas même une tribu. Les assemblées
des communes (*Landesgemeinden*) dont j'ai parlé sont
les assemblées, non d'une nation, mais d'un district;
elles répondent, chez nous, non pas aux assemblées
de tout le royaume, mais aux assemblées moins
importantes du comté ou de la centurie. Elles n'en

sont pas moins dignes pour cela d'être connues, et
n'en jettent pas moins de lumière sur cet héritage
politique commun qui appartient également à la
Souabe et à l'Angleterre. Dans tous les pays teutoniques qui gardent encore quelques vestiges de
leurs anciennes institutions, les divisions locales ne
sont pas de simples districts administratifs tracés
pour la commodité sur la carte. En fait, ce ne sont
pas des divisions du tout ; ce ne sont pas des parties du royaume, mais les éléments primitifs dont
l'assemblage a fait le royaume. Le Yorkshire, sous
ce nom, est plus jeune que l'Angleterre ; mais l'Angleterre est plus jeune que le Yorkshire, sous son
nom antérieur de Deira. Et quant au Deira lui-même,
il est moins ancien que les districts plus petits dont
il s'est formé, Craven, Cleveland, Holderness et les
autres. L'assemblée communale d'Uri ne répond
pas à une assemblée de toute l'Angleterre, ni même
de tout le Deira, mais à une assemblée d'Holderness
ou de Cleveland. Seulement, dans le vieux système
teutonique, l'agrégation la plus considérable était
simplement organisée sur le modèle des agrégations
élémentaires dont la réunion lui avait donné naissance. En effet, pour arriver à l'unité, pour trouver
l'atome qui, se joignant à ses pareils, a composé le
tout politique, il nous faut descendre jusqu'à des
surfaces encore plus étroites que celles d'Holderness ou d'Uri. Cette unité, cet atome, le véritable

noyau de toute notre vie politique, il faut le chercher dans la *Gemeinde* ou *Commune* en Suisse ; en
Angleterre — ne souriez pas en m'entendant —
dans l'assemblée paroissiale (*Vestry*).

La primitive constitution teutonique, la constitution des Germains de Tacite, celle-là même qui
s'est perpétuée dans quelques coins écartés du vieil
empire germain, est démocratique, mais non pas
d'une démocratie pure. Ou plutôt, c'est bien la démocratie, la pure démocratie, dans le sens plus
vrai, plus ancien, plus honorable de ce mot si
mal interprété ; ce n'est pas la démocratie pure au
sens moins honorable, mais tout à fait arbitraire,
qu'on lui attribue souvent dans la controverse moderne. La démocratie, suivant Périclès, est le gouvernement du peuple entier, par opposition à l'oligarchie, qui est le gouvernement d'une partie seulement du peuple (4). Un gouvernement qui donne
tout le pouvoir à une classe, un gouvernement qui
exclut une certaine classe du pouvoir, que cette
classe soit la plus haute ou la plus basse, ne répond
pas à la définition de Périclès ; c'est un gouvernement, non de l'universalité, mais d'une partie seulement ; ce n'est pas une démocratie, mais une oligarchie (5). La démocratie, au sens de Périclès, exige
que tout homme libre ait sa voix dans les affaires de
la république ; elle ne demande pas nécessairement
que tous les hommes libres aient une voix égale.

Elle n'empêche pas l'existence de magistrats revêtus d'une haute autorité et entourés d'une vénération profonde ; elle n'empêche pas le respect de la
naissance, ni même l'attachement à une lignée héréditaire de chefs.

La vieille école des écrivains constitutionnels
anglais se complaisait à démontrer que la constitution anglaise contenait trois éléments, l'un monarchique, l'autre aristocratique, un autre démocratique, tous trois adaptés ensemble avec une
proportion si vraie et si harmonieuse que nous
pouvions jouir du bon côté des trois grandes formes
de gouvernement sans voir jamais le mauvais côté
d'aucune d'elles. Ces dignes théoriciens étaient
peut-être un peu partisans d'Utopie dans leurs systèmes ; encore est-il hors de doute que, partout où
nous saisissons une lueur de la vieille organisation
politique des Teutons, nous distinguons ce qu'on
peut parfaitement appeler le monarchique, l'aristocratique et le démocratique élément. Ces échappées
de vue sur les plus anciens temps nous montrent
trois classes d'hommes qui se retrouvent dans toute
société teutonique, le noble, l'homme libre du commun et le serf. L'existence du serf, si mal que
sonne ce nom aujourd'hui à nos oreilles, n'est pas
une honte ou un tort particulier à nos ancêtres.
L'esclavage, sous une forme ou sous une autre, a
malheureusement été la loi commune de la plupart

des nations, dans la plupart des âges; c'est une
pure exception à la règle générale si, en partie
par suite des circonstances où se sont trouvés le
plus grand nombre des États européens, en partie par suite du progrès de l'humanité et de la
civilisation, cette détestable institution a pu, dans
l'espace d'un petit nombre de siècles, disparaître
graduellement d'une certaine portion de la terre.
D'ailleurs il ne faut pas oublier que, dans plusieurs
états de la société, la sentence d'esclavage peut
avoir été accueillie avec reconnaissance, comme
un adoucissement à son sort, par l'homme qui
avait perdu le droit à la vie, soit comme com-
battant fait prisonnier dans une guerre sans
merci, soit comme malfaiteur condamné pour ses
crimes. Mais si je mentionne l'existence de l'esclavage, c'est uniquement pour que nous nous
rappelions que, lorsque nous parlons de liberté,
d'hommes libres, de démocratie et toutes choses
semblables, nous parlons après tout des droits
d'une classe privilégiée, et que, soit à Athènes, soit
à Rome, soit dans les primitives sociétés teutoniques, il existait toujours une masse énorme d'êtres
humains qui n'avaient aucune part à la liberté, à
la victoire ou à la gloire de leurs maîtres (a).

(a) En Angleterre le servage des vilains existait encore à
la fin du quatorzième siècle, et était même alors extrême-
ment rigoureux. On a la charte d'émancipation des serfs ac-

En ce moment, nous nous occupons plus spécialement des distinctions que, dès les temps les plus reculés, nous trouvons établies entre les hommes libres eux-mêmes. Dans la Germanie décrite par Tacite, comme aujourd'hui dans les cantons démocratiques de la Suisse, le souverain pouvoir appartient au peuple entier, agissant directement dans la personne de ses membres. Mais si la souveraineté de l'assemblée populaire nous apparaît clairement, nous ne voyons pas moins clairement apparaître l'existence d'un Conseil, réunion moins nombreuse que l'Assemblée générale, et aussi celle d'une classe de nobles, dont les priviléges, dans leur nature et leur étendue, ne sont pas très-bien définis, mais qui avaient évidemment des priviléges d'un genre ou d'un autre, perpétués par une transmission héréditaire. Ici, nous avons un élément aristocratique aussi nettement indiqué que l'élément démocratique fourni par l'Assemblée populaire. Enfin, au-dessus de tout le reste, nous voyons des chefs personnels de tribus et de nations, portant différents titres, rois, ducs, seigneurs (*Ealdormen*), qui, dans la plupart des cas, tenaient leur droit au gouvernement de l'union de la naissance à l'élection, que la nation choisissait et que la nation pouvait aussi déposer, mais qui n'en étaient pas moins personnellement

cordée par le roi à la suite de l'insurrection de Wat-Tyler et bientôt révoquée par les nobles (1379-1386).

ses guides (*leaders*), premiers magistrats en temps de paix, généraux en chef dans la guerre. Ici donc, à côté des deux éléments démocratique et aristocratique, nous avons un élément monarchique distinct ressortant clairement des plus anciennes notions que nous ayons recueillies de la vie politique des Teutons. Le roi, les lords, les communes, dans leur forme actuelle, sont comparativement récents ; mais nous découvrons quelque chose qui peut justement passer pour le germe du roi, des lords et des communes, dès l'origine même de notre histoire.

Je ferai même un pas plus avant. La constitution que je viens d'esquisser est assurément le patrimoine commun de toute la race teutonique, mais elle est quelque chose de plus. Peut-être n'aurions-nous pas tort d'aller jusqu'à l'appeler le patrimoine commun de toute la famille arienne. Il se pourrait encore que nous en relevions des traces au delà des limites de la famille arienne (6). Mais je laisse de côté les considérations de ce genre. Il me suffit de constater que cette constitution, héritage commun des Teutons, est un héritage qu'ils partagèrent avec les peuples de leur race en Grèce et en Italie.

Consultez les plus antiques témoignages de la civilisation européenne. Dans les poëmes d'Homère, nous voyons une constitution, essentiellement semblable à celle qui nous est exposée dans la *Germanie* de Tacite, établie également dans le camp achéen devant Ilion, dans le royaume insulaire d'Ithaque, et même parmi les dieux de l'Olympe. Jupiter règne sur tous; mais il est assisté du conseil des grands dieux, et à certaines époques il convoque à sa cour l'assemblée entière de la nation céleste, alors que les dieux de tout rang se réunissent dans le palais de leur chef, alors que, sauf le vieil Océan en personne, toutes les divinités mêmes des fleuves se présentaient, alors que, comme il est dit expressément — et ce fait pourrait, il semble, être enrôlé au service de très-récentes controverses — pas une nymphe ne manquait à l'appel (7). Si nous descendons sur la terre, nous trouvons le roi des hommes, chef commun de tous, mais nous le trouvons entouré de son conseil particulier de moindres princes et capitaines. De plus, dans les grandes occasions, Agamemnon sur la terre, comme Jupiter dans le ciel, réunit l'assemblée générale des guerriers libres, où le débat sans doute était principalement réservé à un petit nombre de chefs éloquents, mais où les simples hommes libres, citoyens et soldats que rien ne distinguait, avaient du moins le droit d'exprimer leur opinion sur les propositions de leurs chefs par de bruyants applaudissements ou par un significatif silence. Cette peinture d'ailleurs ne se borne pas à l'armée rangée en bataille sous les remparts d'Ilion ; il faut nous rappeler que dans toutes les sociétés primitives la distinction entre les soldats et les citoyens est inconnue ; l'armée est la nation, et la nation l'armée. Ce même tableau que l'Iliade met sous nos yeux comme celui de l'organisation politique de l'armée grecque, les éclaircies que nous ouvre l'Odyssée sur une vie plus paisible ne nous l'offrent pas moins comme celui de la constitution de chaque république sur son propre sol. Partout nous trouvons les trois mêmes éléments, le chef suprême ou roi, les chefs inférieurs qui forment son conseil, et l'autorité dont relèvent toutes les autres en dernier ressort, l'assemblée générale des hommes libres (8).

Nous observons le même fait dans chaque indice que l'histoire ou la légende nous fournit sur l'état politique de Rome et des autres vieilles républiques italiennes (9). Partout se retrouvent le roi, le sénat, l'assemblée du peuple, et la distribution des pouvoirs n'est pas essentiellement changée quand la plus haute autorité personnelle est tranférée des mains d'un roi nommé à vie aux mains de consuls élus pour un an (10). La ressemblance que les plus anciennes institutions des Grecs, des Italiens et des Teutons présentent entre elles est si étroite, si frappante dans tous les détails, qu'on peut difficilement se défendre d'y voir un bien commun qu'ils se sont transmis depuis les temps les plus reculés, un patrimoine que les Grecs, les Italiens et les Teutons possédaient déjà dans les temps antérieurs à leur séparation, à ces époques sans annales, et néanmoins authentiques, où les Teutons, les Italiens et les Grecs étaient encore un même peuple parlant une même langue.

J'ai renvoyé plusieurs fois au portrait de notre race dans les siècles les plus lointains dont il reste un souvenir, tel qu'il nous est tracé par le plus grand des historiens romains dans la *Germanie* de Tacite. Permettez-moi maintenant de faire passer sous vos yeux quelques parties spéciales de sa description dans les termes mêmes qu'il emploie, autant que je puis être capable de les revêtir de la forme anglaise.

« Ils choisissent leurs rois en considération de leur noblesse, leurs chefs en considération de leur valeur. Les rois n'ont pas un pouvoir illimité ni arbitraire, et les chefs gouvernent plutôt par l'exemple que par le droit de commander. S'ils sont toujours prêts, toujours en vue, toujours en tête conduisant l'avant-garde, ils tiennent le premier rang en honneur.... Dans les affaires secondaires, les chefs seuls délibèrent; dans les grandes, tous les guerriers, mais avec cette restriction que celles dont la décision finale est réservée au peuple entier sont examinées d'abord par les chefs... La multitude prend séance en armes dans l'ordre qu'elle trouve bon (*a*); l'ordre de faire silence est proclamé par les prêtres, qui ont aussi le droit de contraindre à l'observer. Alors les rois ou chefs, selon l'âge qu'ils peuvent avoir, selon leur naissance, selon leur gloire militaire ou leur éloquence, sont écoutés, mais ils ont plutôt recours à l'influence de la persuasion qu'à l'autorité du commandement. Si leur avis déplaît, on le repousse par un cri; s'il est approuvé, les auditeurs font résonner leurs lances. Ils pensent que la plus honorable manière d'applaudir est d'employer leurs armes pour témoigner leur approbation. L'assemblée regarde aussi comme légitime qu'on lui soumette les faits d'un procès et qu'on porte devant elle les accusations capitales... Cette même assemblée choisit des chefs pour rendre la justice dans les districts et les villages. Chacun de ces chefs, en exerçant ces fonctions, reçoit cent compagnons pris dans les hommes du commun (*commons*), et qui lui sont adjoints à la fois pour le conseiller et pour ajouter à son autorité. Au reste, ils ne s'occupent d'aucune affaire, publique ou privée, qu'en armes. »

Voilà bien le tableau d'une république libre de guerriers, où chaque homme libre a sa place dans l'État, où le vote de l'assemblée générale est le der-

---

(*a*) Le sens adopté ici semble contredit par la phrase précédente de Tacite, qui a plutôt voulu dire : « dès que le nombre paraît suffisant. » Le texte latin est dans toutes les mains.

nier mot en toute matière, mais où le droit héréditaire et la charge élective sont également tenus
en grand honneur. Nous y voyons aussi très-dis-
tinctement l'influence du caractère personnel et du
talent de la parole; nous y trouvons l'existence de
divisions locales, d'assemblées locales, de magistratures locales; nous reconnaissons en un mot,
dans ce portrait de nos aïeux au fond de leur antique patrie il y a dix-sept cents ans, les germes de
toutes les institutions qui ont grandi peu à peu
parmi nous durant le cours des âges. Un Suisse des
cantons démocratiques y trouverait plus que le
germe de sa constitution, il y verrait la peinture
vivante de sa constitution même.

L'antique constitution teutonique fut ainsi la
constitution de nos ancêtres dans leur vieux pays
de la Germanie septentrionale, avant qu'ils se
missent en route pour l'île de la Grande-Bretagne.
Cette constitution, dans toutes ses parties essentiel-
les, ils l'apportèrent avec eux dans leurs nouvelles
demeures, et là, transplantée dans un sol nouveau,
elle grandit, se couvrit de fleurs et porta des fruits
plus riches et plus durables qu'elle n'avait fait dans
le pays même de sa première origine. Sur le continent teutonique, la vieille liberté des Teutons,
avec ses assemblées libres, nationales et locales,
disparut graduellement devant les empiétements
d'une couvée de petits princes. Dans l'île teutoni-

que, elle a changé de forme d'âge en âge, elle a traversé mainte tempête et résisté aux attaques de maint ennemi ; mais elle n'a jamais entièrement péri. La vie nationale du peuple, dans son cours régulier, est restée intacte, malgré les conquêtes étrangères et les révolutions intestines, pendant quatorze cents ans. A aucun moment, le lien entre le passé et le présent n'a été complétement brisé ; à aucun moment, les Anglais n'ont siégé pour combiner une constitution entièrement nouvelle, séduits par quelque éblouissante théorie. Chaque pas de notre progrès a été la suite naturelle d'un pas précédent : chaque changement dans notre loi et dans notre constitution a été, non l'introduction de quelque chose d'entièrement nouveau, mais le développement et l'amélioration de quelque chose qui était déjà ancien. Notre progrès, à certaines époques, a été plus rapide ; dans d'autres siècles, plus lent ; par moments, nous avons paru rester immobiles ou même rétrograder ; mais la grande marche du développement politique ne fut jamais complétement arrêtée ; elle n'a jamais subi de halte durable, depuis le premier jour où l'arrivée des conquérants teutons commença à transformer la Grande-Bretagne pour en faire l'Angleterre.

Des éléments nouveaux et étrangers se sont de temps en temps introduits dans notre droit ; mais

le même esprit qui était capable de développer et
d'améliorer tout ce qu'il y avait dans ce droit d'ancien et d'indigène, a généralement trouvé le moyen,
tôt ou tard, de rejeter encore tout ce qui était
étranger et nouveau. L'ami de la liberté, l'ami du
progrès, l'homme dont la vue est assez perçante
pour découvrir l'identité sous l'apparence d'une
dissemblance extérieure, ne do it jamais redouter
de suivre à la trace les institutions politiques de
l'Angleterre jusque dans leur forme la plus antique.
Les quatorze cents ans de l'histoire d'Angleterre
appartiennent à ceux qui veulent toujours marcher
en avant, non pas à ceux qui préfèrent rester immobiles ou reculer. La sagesse de nos pères se manifesta toujours, moins par un stupide et absurde
attachement aux choses dans l'état où elles furent
à un moment donné, que par cet esprit — l'esprit
à la fois du vrai réformateur et du conservateur vrai
— qui maintient l'édifice entier debout, en réparant
et améliorant de temps à autre les diverses parties
qui ont besoin d'y être améliorées ou réparées. Laissons les anciennes coutumes prévaloir ; tenons-
nous toujours fermes dans les sentiers battus. Oui,
mais les sentiers battus ont toujours été en
Angleterre les routes du progrès. L'ancienne coutume a toujours redouté de changer pour le pur
amour du changement, mais elle innovait hardiment, quand l'innovation était vraiment nécessaire.

Ainsi plusieurs des plus heureux changements des derniers temps, plusieurs des plus salutaires améliorations de notre droit et de notre constitution ont uniquement consisté à rejeter des nouveautés qui s'y étaient glissées à des époques récentes et malheureuses. Ils ont consisté à faire reparaître, sous un extérieur modifié, des principes aussi vieux que les jours où nous apercevons pour la première fois nos ancêtres dans leurs forêts de la Germanie.

Changée qu'elle est dans toutes ses formes et ses conditions extérieures, l'Angleterre où nous vivons a donc bien plus de rapports, dans sa vraie vie et dans son véritable esprit, avec l'Angleterre des temps les plus reculés, qu'elle n'en a avec l'Angleterre d'une époque bien plus rapprochée de la nôtre. Dans beaucoup de dispositions salutaires de la législation moderne, nous avons reculé, à dessein ou non, jusqu'à la plus antique origine de notre race. Nous avons avancé en retournant à un plus ancien état de choses ; nous avons réformé en ressuscitant les institutions de temps plus éloignés et plus rudes, en nous affranchissant des subtilités serviles des légistes normands, en jetant de côté, comme une chose exécrable, les innovations de la tyrannie des Tudor et de l'usurpation des Stuarts.

J'ai dit que la primitive constitution teutonique fut apportée avec eux par nos ancêtres teutons, quand ils arrivèrent en conquérants dans l'île de la Grande-Bretagne. Je ne reviendrai pas sur les détails de la conquête anglaise, cet établissement qui nous donna une nouvelle patrie dans un pays nouveau, ni sur toutes les questions et controverses auxquelles les circonstances de la conquête anglaise ont donné naissance. Je m'en suis expliqué à mainte et mainte reprise, avec la parole et avec la plume, et j'espère pouvoir tenir maintenant pour accordé ce que j'ai déjà démontré ailleurs (11). J'espère qu'il me sera permis de considérer comme établie l'évidence des faits dans leur ensemble, sans entrer dans les détails de chaque point en particulier.

Je tiendrai donc pour vrai — car c'est à ceci que se ramène réellement la question — que l'Angleterre est l'Angleterre et que les Anglais sont les Anglais. Je tiendrai pour vrai que nous ne sommes ni des Romains ni des Welches, mais bien les descendants des Angles, des Saxons et des Jutes qui vinrent ici aux cinquième et sixième siècles, des Danois et des Normands qui y arrivèrent au neuvième (a). Je tiendrai pour vrai que nous sommes

(a) Il est curieux de se rappeler ici le passage connu de Bossuet : « N'accusons donc pas aveuglément le naturel des habitants de l'île la plus célèbre du monde, qui, selon les plus fidèles histoires, tirent leur origine des Gaules ; et ne croyons pas que les Merciens, les Danois et les Saxons aient tellement corrompu en eux ce que nos pères leur avaient donné de bon sang... » Bossuet, au reste, est d'accord avec Lingard, qui s'appuyait lui-même sur le témoignage de César. Pour ce qui est de

un peuple, sinon de pur sang teutonique — car pas
un peuple au monde n'est d'un sang absolument
pur — du moins d'un sang qui n'est pas plus mêlé
que celui de n'importe quelle autre nation ; que
les Anglais sont aussi véritablement des Anglais
que les Welches sont des Welches ou que les Allemands de la haute Germanie sont de la haute
Germanie. Je tiendrai pour vrai que ce qu'il y a
de teutonique en nous n'est pas simplement un
élément parmi les autres, mais que c'est la vie
même et l'essence de notre personnalité nationale ;
que, s'il y a en nous quelque autre chose, si nous
avons fait quelque emprunt à ceux que nous avons
soumis ou qui nous ont soumis nous-mêmes, quoi
que ce puisse être, ce n'est pas un élément de
même valeur, mais une pure addition à notre essence teutonique ; en un mot, je tiendrai pour vrai
que les Anglais sont les Anglais, que nous sommes
nous-mêmes et non quelque autre peuple.

Je tiendrai tout cela pour vrai. Si quelqu'un le
conteste, s'il y a quelqu'un qui ne veuille pas être
Anglais et qui préfère être Welche ou Romain, je ne
peux pas raisonner avec lui en ce moment ; je peux
seulement le prier de se reporter aux arguments que
j'ai fait valoir sur tous ces points en d'autres temps
et en d'autres lieux. Je tiens pour vrai que, puisque

la communauté d'origine des Gaulois et des premiers habitants
des Iles-Britanniques, le fait semble prouvé.

nous avons eu un nom national, une langue nationale, et cela dès l'origine, nous pouvons justement passer pour avoir une existence nationale ininterrompue. Enfin lorsque nous rencontrons en Grande-Bretagne un peuple de langue teutonique vivant sous les mêmes lois politiques et sociales que le peuple teutonique du continent, il n'est sûrement pas bien téméraire ni bien étrange d'en conclure que la langue et les lois que ces deux peuples ont en commun sont un bien commun sorti d'une source commune ; que la colonie insulaire en un mot vint elle-même et apporta ses lois et son langage avec elle de la vieille terre maternelle par delà les mers.

Nos pères donc abordèrent dans la Grande-Bretagne, et ils apportèrent avec eux le système politique originaire, les distinctions de rangs, la division des pouvoirs qui leur avaient servi dans leur vieille patrie anglaise ou saxonne. Les circonstances de la conquête devaient sans doute entraîner des changements. La conquête dut tendre probablement à grossir les rangs de la classe servile. Tous les indigènes qui ne furent ni massacrés ni expulsés durent naturellement passer dans cette classe. En particulier, et quoiqu'il ne soit pas douteux que nos ancêtres aient amené de leur pays leurs femmes avec eux, il n'est pas moins certain que nombre de femmes bretonnes furent réduites en esclavage, à tel point que l'un des noms vulgaires du vieil anglais pour désigner une femme esclave est le mot *Wylne* ou *femme welche*. On peut croire aussi que cette familiarité croissante avec l'esclavage dut contribuer à fortifier la coutume par laquelle les hommes libres coupables de crimes étaient réduits en esclavage par une sentence juridique.

En revanche, je soupçonne que les circonstances de la conquête ne furent pas sans influence pour élever la position à la fois du simple homme libre et du roi ou chef, comparés à la classe intermédiaire des nobles. Il n'y a pas deux choses plus propres à niveler que la colonisation et une guerre heureuse. La force de nivellement de la colonisation est évidente ; la force de nivellement de la guerre n'est pas si frappante dans les temps modernes. Dans les armées modernes où existe un système nettement défini de grades militaires, où la distinction entre l'officier et le soldat est profondément marquée, où le simple soldat est un peu plus qu'une machine dans les mains de celui qui le commande, l'effet peut même être en sens inverse. Mais dans un plus ancien état de choses, quand la victoire dépend de la bravoure individuelle de chaque homme, rien ne peut être plus propre à niveler que la guerre. Honneur et profit tombent en partage au cœur le plus ferme et au bras le plus fort, que celui qui les possède soit noble ou paysan dans son pays. Et cela devait être encore plus vrai dans le cas où la guerre et la civilisation marchaient côte à côte, lorsque le succès décidait non-seulement la victoire, mais la conquête, lorsque les hommes combattaient, non pour s'en retourner dans leurs anciens foyers chargés de gloire et de butin, mais pour conquérir des demeures nouvelles, récompense de leur valeur. D'un autre côté, dans un état de choses primitif, l'influence personnelle est presque tout ; un chef énergique et populaire est, par le fait, absolu, parce que personne n'a la pensée de contredire sa volonté ; mais un chef faible ou mal vu du peuple ne peut exercer aucune autorité d'aucun genre. Dans un tel état de choses, personne n'obtient aussi aisément l'ascendant d'une influence illimitée que le chef militaire qui conduit sa tribu à la victoire. En outre, cette influence devait se décupler, quand le chef heureux conduisait son peuple non-seulement à la victoire, mais à la conquête, quand il n'était pas seulement un chef, mais un fondateur, mais l'homme qui avait emmené les siens pour se rendre maîtres d'un nouveau pays et créer un État nouveau, conquête de son épée et de leurs armes. La simple noblesse de naissance, si hautement honorée qu'elle fût, ne devait avoir qu'une faible autorité, en comparaison de l'une ou de l'autre de ces deux influences placées au-dessus et au-dessous d'elle. Je crois qu'il est possible de relever quelques traces de l'effet de ces influences dans la

situation de la plus ancienne noblesse d'Angleterre.
Qu'il y eût une différence entre le noble et l'homme
libre du commun, ou pour employer l'expression
du vieil anglais, entre l'*Eorl* et le *Ceorl*, c'est ce qui
résulte des innombrables allusions à cette distinction qu'on trouve dans nos plus vieilles annales. Mais
il n'est nullement aisé de dire ce que cette distinction était réellement. Comme nous verrons tout
à l'heure que cette primitive noblesse fit place insensiblement à une noblesse d'un tout autre genre
et fondée sur un tout autre principe, nous pouvons
sans doute incliner à penser que, du moins après
l'établissement des Anglais dans la Grande-Bretagne, les priviléges des *Eorlas* furent un peu plus
qu'honorifiques.

J'ai à peine besoin de dire qu'une traditionnelle
déférence pour la naissance, une préférence traditionnelle accordée aux membres de certaines
familles dans l'attribution des charges électives,
peut persister, lorsque la naissance n'entraîne
avec elle aucun privilége légal d'aucun genre. Nulle
part ce fait ne s'est produit d'une manière plus
frappante que dans ces cantons démocratiques
de la Suisse dont j'ai parlé plus haut. Dans une
république où les magistrats étaient élus tous les
ans, où tout homme libre avait un vote égal dans
leur élection, il arrivait cependant que, d'année en
année, les représentants de certaines maisons fa-

meuses étaient élus comme de droit héréditaire.
Tels étaient les barons d'Attinghausen à Uri et la
maison de Tschudi à Glaris. Or, quoi que nous puissions dire d'une semblable coutume à d'autres
égards, elle était assurément bien entendue pour
produire un heureux effet sur les membres de ces
familles exceptionnelles ; elle était bien entendue
pour y faire naître une succession d'hommes tout
préparés à exercer les hautes magistratures de la
république. Un homme qui sait que, s'il est digne
d'un certain poste d'honneur, il sera choisi pour ce
poste de préférence à tout autre, mais qui sait aussi
que, s'il s'en montre indigne, il risque, soit de ne pas
l'obtenir du tout, soit d'en être pacifiquement écarté
à la fin d'une année ou d'une autre, cet homme a
certainement des motifs plus forts de chercher à
mériter la place qu'il espère occuper que, soit l'homme qui doit courir la chance d'une compétition illimitée, soit celui qui succède à l'honneur et à l'autorité par le simple droit de sa naissance.

Ainsi donc nos pères arrivèrent dans la Grande-
Bretagne, apportant avec eux les trois éléments de
la constitution primitive que nous trouvons décrite
dans Tacite ; mais, comme j'incline à le croire, les
circonstances de la conquête contribuèrent, pour
un temps du moins, à fortifier les pouvoirs tant du
chef suprême que du corps général de la nation aux
dépens de la classe intermédiaire des *Eorlas* ou no-

bles. Étudions d'abord l'origine et l'accroissement de l'autorité du chef suprême, en d'autres termes, l'élément monarchique, le pouvoir royal.

Qu'est-ce qu'un roi alors? La question est bien plus aisée à faire que la réponse. Le nom de roi a signifié des choses très-différentes suivant la différence des temps et des lieux ; la somme d'autorité attachée à ce titre a considérablement varié avec les lieux et les temps. Toutefois une sorte d'idée commune semble se retrouver dans tous ses divers usages ; si l'on ne peut pas toujours définir un roi, on reconnaît généralement un roi, lorsqu'on le voit. Au titre de roi s'attache, dans le sentiment populaire du moins, une vague idée de grandeur et de sainteté que n'éveille pas celui d'un simple magistral, si élevé que soit ce magistrat en rang et en autorité. Je ne parle pas de la raison de la chose, mais de ce qui, en tant que fait, a été de tout temps l'impression populaire. On dit que chez les peuples païens de la Suède, lorsque les affaires étaient mal conduites, dans le cas où maintenant nous congédierions un ministre, et où nos ancêtres, quelques générations avant nous, lui auraient tranché la tête, on méprisait des victimes si secondaires, et on offrait le roi lui-même en sacrifice aux dieux. Une semblable pratique prouve certainement que nos frères de la Scandinavie n'étaient pas arrivés à cette subtilité constitutionnelle en vertu de laquelle la responsabilité de tous les actes du souverain est transférée à un autre. Évidemment ils n'admettaient pas, comme les modernes faiseurs de constitutions, que la personne du roi fût inviolable et sacrée. Mais je présume que cette pratique même qui montre qu'ils ne le regardaient pas comme inviolable, prouve aussi qu'ils le considéraient comme sacré. Certainement, si le roi était ainsi sacrifié de préférence, c'est qu'il y avait en lui quelque chose qui n'était dans personne autre, c'est qu'aucune victime inférieure n'eût été aussi agréable aux dieux.

Mais d'un autre côté — pour nous aventurer un moment au delà du cercle des modèles teutonique et arien — on voit dans l'histoire que les anciens Egyptiens devancèrent la grande invention de la monarchie constitutionnelle ; que leurs prêtres, dans un discours annuel, attribuaient respectueusement tout le bien qui était fait dans le pays au roi personnellement, et tout le mal à ses mauvais conseillers (12). Il semblerait qu'il y ait là deux manières exactement opposées de traiter un roi ; et cependant cette coutume d'immoler le roi, et l'autre coutume d'agir avec lui comme s'il était incapable de jamais faire mal, dérivent toutes deux du même principe, ce principe que le roi, d'une manière ou d'une autre, est essentiellement **différent de tout le reste des hommes. Nos pro-**

pres rois de la vieille Angleterre, comme tous les autres rois teutons, n'étaient rien moins que des chefs absolus ; la nation les nommait et la nation les déposait ; ils ne pouvaient rien faire d'important en paix ou en guerre sans l'assentiment national ; et malgré tout, on sentait que le roi, en tant que roi, était revêtu d'une dignité d'un tout autre genre que celle du plus élevé de ses sujets. Il est possible que cette différence résultât principalement d'une espèce de respect religieux qu'imposait la personne du roi et que n'inspirait aucun autre chef inférieur. En effet, dans les temps d'idolâtrie, les rois faisaient remonter leur origine aux dieux que la nation adorait ; et, dans les siècles chrétiens, comme ils se distinguaient des chefs de moindre importance par les cérémonies religieuses qui solennisaient leur entrée en charge, les élus du peuple devenaient ainsi les Oints du Seigneur.

La distinction entre les rois et les chefs d'un autre genre est rigoureusement d'une antiquité immémoriale ; elle est aussi ancienne que quoi que ce soit que nous connaissions des institutions politiques de notre race. Cette différence est clairement indiquée dans la description que je vous ai lue de Tacite. Il distingue d'une manière bien marquée les *reges* et les *duces*, les rois et les chefs ; les chefs dont le droit au commandement s'appuyait sur leur naissance, et les chefs qui le fondaient sur leur mérite personnel. Mais le même écrivain nous apprend que, quoique cette distinction eût été établie de si bonne heure et si bien comprise, elle n'était cependant pas universellement admise par toutes les branches de la race teutonique. Entre les nations germaines décrites par Tacite, quelques-unes, nous .dit-il expressément, étaient gouvernées par des rois, tandis que d'autres n'en avaient pas. Cela veut dire que, dans celles-ci, chaque tribu ou district avait son chef propre, magistrat durant la paix, général en temps de guerre, mais que la nation entière n'était pas réunie sous un seul chef qui eût droit aux priviléges spéciaux et mystérieux de la royauté. Cela veut dire que, bien que nous entendions parler de royauté aussi loin que nos histoires nous font remonter dans le passé, cependant la royauté ne fut pas la forme la plus ancienne de gouvernement parmi les tribus teutoniques. Le roi et son royaume prirent naissance par l'union de plusieurs tribus ou districts, existant déjà sous des chefs séparés qui leur étaient propres, et, dans l'histoire de nos propres origines, on peut déterminer avec une grande netteté la date et les circonstances de l'introduction de la royauté.

On aimerait bien à savoir ce que signifiaient exactement les mots teutons que Tacite rendait par les équivalents latins *rex* et *dux*. Pour le dernier du moins, on peut faire une conjecture plausible. Le chef teuton qui n'était pas roi portait le titre d'*Ealdorman* en temps de paix, et d'*Heretoga* en temps de guerre. Le premier nom ne demande pas d'explication. Il est encore en usage parmi nous, bien qu'il ait perdu quelque chose de son ancienne dignité. L'autre titre d'*Hérétoga*, chef d'armée, l'équivalent exact du latin *dux*, est tombé en désuétude dans notre langue, mais il survit dans le haut-allemand sous la forme de *Herzog*, qu'on traduit familièrement et correctement par *duc*. Les *duces* de Tacite, on ne peut en douter, étaient les *Ealdormen* ou *Heretogan*.

On voit moins clairement ce qu'était le titre qu'il voulait traduire par *rex*. Notre mot *Cyning*, *King* est commun à toutes les langues teutoniques existantes, et nous le retrouvons aussi loin que nous pouvons suivre la langue anglaise dans le passé. Mais ce n'est ni le seul, ni vraisemblablement le plus ancien mot pour exprimer cette idée. Dans le plus vieux monument qui nous reste de l'idiome teutonique, la version gothique des Écritures, le mot *King*, sous aucune de ses formes, ne se rencontre nulle part. Le terme qu'on y voit employé est *Thiudans*. On y trouve aussi un troisième mot, *Drihten*, qui, en anglais, est plus communément usité dans un sens religieux.

Je vous prie de vouloir bien prendre patience pendant que je m'enfonce un moment dans quelques vieilles étymologies teutoniques, persuadé que je suis que les analogies de ces trois mots ne sont pas d'un mince intérêt. Ces noms dérivent tous trois ou se rapprochent beaucoup de mots qui signifient la race ou le peuple. L'un d'eux, *Cyn* ou *Kin*, nous l'avons gardé dans l'anglais moderne, sans en changer le son et avec une très-légère modification dans le sens. Maintenant, le mot *Cyning*, dans sa forme abrégée *King*, vient directement, ou du substantif *Cyn*, ou bien d'un adjectif qui s'y rattache étroitement, *Cyne*, noble, précisément comme le latin *generosus* vient de *genus*, qui, soit dit en passant, est le même mot que notre anglais *Cyn*. Ne vous laissez pas abuser en allant croire que *King* ait rien à démêler avec *canning* ou *cunning*, l'homme adroit. Celui qui l'a dit le premier ignorait tout simplement sa grammaire du vieil anglais. Ce mot est de la famille de *Cyn* et *Cyne*, et peut se comprendre « le noble homme », ou bien, comme *ing* est la désinence patronymique des Teutons, celui qui l'aime mieux peut former *Cyning* de *Cyn*, et faire du roi, non le père de son peuple, mais son rejeton (13).

Quant aux deux autres noms, *Thiudans* ou *Theoden* et *Drihten*, ils ont disparu de notre langue, et avec eux les deux mots auxquels ils se rattachent, précisément comme *Cyning* se rattache à *Cyn*. *Thiudans* ou *Theoden* vient de *Thiuda* ou *Theod*, qui veut dire aussi *peuple*, mot que vous reconnaîtrez dans plusieurs des vieux noms teutons, *Theodric*, *Theod-berht*, *Theodbald*, et autres semblables. De même, *Dhriten* vient ou directement de *Driht*, famille, compagnie, ou bien, précisément comme *Cyn* et *Cyne*, d'un adjectif *driht* signifiant noble ou fier.

Ces noms exprimant tous trois la royauté ont ainsi rapport à des mots qui veulent dire race ou peuple. Ils impliquent l'idée de chef d'un peuple, quelque chose de plus que le chef d'une simple tribu ou d'un district. Maintenant nos chroniques en vieil anglais, lorsqu'elles racontent comment les premiers conquérants anglais, Hengest et Horsa, s'établirent dans le Kent, ne les appellent point *Cyningas*, mais *Heretogan*, chefs ou ducs. Il faut qu'Hengest ait d'abord remporté des victoires sur les Bretons pour qu'on nous dise qu'il a pris le *rice* ou royaume et que son fils OEsc est appelé *King*. C'est ainsi que, dans le Wessex, les premiers conquérants Cerdic et Cynric sont appelés *Ealdormen* quand ils débarquent; mais, lorsqu'ils ont établi une domination fixe aux dépens des Welches, on lit qu'ils prirent aussi le *rice*, et les chefs des Saxons de l'Ouest sont dès lors cités comme rois. Il est donc évident que les premiers chefs des établissements anglais dans la Grande-Bretagne, quand ils traversaient les mers, portaient seulement le titre plus humble d'*Heretogan* ou *Ealdormen;* ce fut seulement lorsqu'ils eurent livré des batailles et se furent trouvés à la tête d'un établissement puissant et victorieux sur le sol conquis, qu'ils furent jugés dignes du titre plus relevé de rois. On peut croire en outre qu'avec tous leurs exploits ils n'en auraient pas été jugés dignes, s'ils n'avaient passé pour être issus du sang des dieux, de la souche divine de Woden.

On voit ainsi que la royauté, dans le sens strict du mot, c'est-à-dire distinguée du gouvernement des ducs ou seigneurs (*ealdormen*), prend son origine, chez les Anglais de la Grande-Bretagne, non pas au premier moment même de la conquête, mais dans les années qui la suivirent immédiatement, du vivant de la première génération des conquérants. Cette distinction que l'on remarque chez les Anglais et les Saxons se retrouve chez les peuples de même race de la Scandinavie. Du jour que les Danois et les Normands commencèrent ces invasions qui se terminèrent pour eux par de si importants établissements dans l'Angleterre du Nord et de l'Est, on trouve toujours chez eux deux classes bien tranchées de chefs, les rois et les *jarls*, autrement dit *eorls*. Ce sont les *jarls* qui répondent aux *ealdormen* anglais. La même distinction est encore clairement indiquée, quand on lit que les vieux Saxons, les Saxons du continent, étaient gouvernés, non par des rois, mais par ces chefs que notre écrivain latin se plaît à appeler *satrapes*, c'est-à-dire, bien entendu, *ducs*

ou *seigneurs* (*ealdormen*). Mais elle est plus forte-
tement accusée que partout ailleurs dans plusieurs
récits où il est parlé de nations qui, après avoir été
réunies sous des rois, sont retombées ensuite sous
la précédente domination de ces petits chefs locaux.
Ainsi, les Lombards en Italie, qui avaient été con-
duits par des rois à leur grande conquête, renon-
cèrent, est-il dit, pour un temps, au gouvernement
royal, et rétablirent le pouvoir de ducs indépendants. On rapporte aussi que les Saxons de l'Ouest,
dans notre île, rejetèrent à une certaine époque le
gouvernement des rois, et revinrent de la même manière au pouvoir de seigneurs indépendants. Dans
tous ces cas, on serait bien aise de savoir plus clairement quelle était la différence exacte entre le *roi*
et le *duc* ou *ealdorman*. Mais il est évident que le
roi était le représentant d'une unité nationale plus
étroite, tandis que le seigneur représentait la tendance particulière de chaque tribu ou district à
réclamer son indépendance. Le gouvernement du
seigneur peut n'avoir pas été moins effectif que
celui du roi. Si nous nous rappelons la distinction
tracée par Tacite quant aux qualifications respec-
tives de ces deux fonctions, nous avons même
tout lieu de croire que le gouvernement du seigneur pourrait bien avoir été le plus effectif des
deux. Ce qu'il y a de certain, c'est qu'on sentait
que le seigneur, de manière ou d'autre, était moins

séparé de la masse de son peuple que n'était le roi ; les fonctions de roi ne pouvaient être remplies que par un homme de la souche de Woden ; celles de seigneur étaient, semblerait-il, accessibles au premier venu qui montrait qu'il possédait les qualités requises dans un chef de nation.

C'est ainsi que la royauté devint la loi de toutes les tribus teutoniques qui s'établirent dans la Grande-Bretagne et dont la réunion fit la nation anglaise. Cette réunion, il ne faut jamais l'oublier, fut très-lente. Peu à peu, de petits rois ou des seigneurs indépendants acceptèrent la suprématie d'un roi plus puissant. Puis, dans une seconde période, le plus petit État fut décidément incorporé au plus grand. Le chef du premier, alors, s'il n'était pas complétement dépossédé, ne gouvernait plus comme souverain indépendant, ni même comme souverain vassal, mais en qualité de simple magistrat, agissant en vertu de l'autorité déléguée par le souverain de qui il tenait sa charge (14). L'État fondé par Cerdic et Cynric sur la côte méridionale grandit peu à peu par l'incorporation de plusieurs petits royaumes et seigneuries indépendantes, jusqu'à ce qu'il embrassât la souveraineté de l'île entière de Bretagne, et devint la royauté immédiate de tous les Anglais qui l'habitaient. Le seigneur d'un coin du Hampshire arriva ainsi pas à pas à être roi des Saxons de l'Ouest, puis roi des Saxons, roi des Anglais, empereur de toute la Bretagne, et plus tard enfin souverain d'un royaume qui s'étend aux quatre coins du monde. Mais le point qui nous intéresse maintetenant, c'est qu'à chaque degré d'accroissement du domaine royal, l'autorité politique du roi sur ce domaine s'accroissait en même temps. Le changement de seigneur en roi, celui de roi idolâtre en roi chrétien couronné et sacré par l'onction, contribua beaucoup sans doute à élever le pouvoir et la dignité du chef, qui acquérait ainsi à chaque transformation de nouveaux titres au respect. Mais ce n'était pas là tout. L'agrandissement seul du domaine royal devait chaque fois très-puissamment aider à accroître le pouvoir direct du roi, et plus puissamment encore à augmenter ce vague respect que chacun ressent pour la royauté. Dans Homère, nous voyons certains rois qui avaient « un caractère plus royal », qui étaient plus rois que les autres. Il en a été de même chez nous. Un roi qui régnait sur tout le Wessex avait davantage du roi que celui qui régnait seulement sur l'île de Wight, et un roi qui gouvernait toute l'Angleterre était d'un degré plus élevé en royauté que celui qui ne gouvernait que Wessex (15).

A mesure que s'étend le territoire sur lequel règne un roi, celui-ci devient nécessairement de moins en moins connu de la masse de son peuple ; il s'abrite de plus en plus derrière la crainte mystérieuse qu'il inspire ; de plus en plus il est considéré comme un être différent du reste des hommes, d'une autre nature même que le commun des magistrats civils ou des chefs militaires, si éminente que soit la dignité de ceux-ci, si illustre que soit leur caractère personnel. Une telle séparation entre le roi et la masse de son peuple peut, il est vrai, dans certaines conditions, entraîner, au lieu d'un accroissement, une diminution de son pouvoir réel. Ce roi peut devenir, dans l'opinion populaire, trop grand et trop imposant pour l'exercice effectif du pouvoir, et, par une conséquence forcée de sa grandeur même, voir son autorité réelle transférée à ses représentants pour qu'ils gouvernent en son nom. Il peut être environné d'une adoration qui l'élève presque au-dessus de l'humanité, tandis que la réalité du pouvoir passe à un maire du palais, ou est partagée entre les gouverneurs de provinces éloignées (16). Mais avec une race de rois énergiques et habiles gouvernant une nation qui tend à l'unité et non à la séparation plus complète de ses parties, chaque pas dans l'accroissement territorial du royaume est aussi un pas dans l'accroissement, non-seulement de la dignité extérieure, mais encore de l'autorité matérielle du roi.

Le roi anglais qui, au seizième siècle, possédait la souveraineté directe de toute l'Angleterre, la suprême autorité sur toute la Bretagne, était un tout autre personnage que son aïeul qui, dans le sixième siècle, estimait qu'une victoire de plus sur les Bretons, l'acquisition d'une parcelle de plus de leur territoire, une autre centaine, pourrait-on dire, de modernes Hampshires, l'avaient rendu assez grand pour échanger son titre de seigneur contre celui de roi. Ce roi-là était bien roi dans toute la force du terme ; son caractère personnel avait la plus haute influence sur la prospérité ou le malheur de son royaume ; sa volonté pesait du plus grand poids, quand il s'agissait de faire les lois destinées à régir son peuple, ou de distribuer les honneurs et les charges entre ceux qui devaient gouverner sous ses ordres. Et, malgré tout, ce n'était pas un despote ; on n'oubliait jamais que le roi n'était que ce que son nom signifie, le représentant, la personnification, l'émanation du peuple. C'était du choix du peuple qu'il recevait son autorité pour le gouverner, choix qui se renfermait, en toute circonstance ordinaire, dans la maison royale, mais qui, au dedans de cette maison, n'était pas limité par l'aveugle respect d'une loi particulière de succession.

.Ce choix pouvait, tantôt se fixer sur le membre le plus digne de la famille royale, tantôt, quand cette famille ne fournissait pas de candidat satisfaisant, se porter hardiment sur l'homme le plus digne parmi le peuple tout entier (17). Or, ceux des mains de qui le roi a tenu ainsi tout d'abord son pouvoir en ont toujours partagé l'exercice avec lui. Les lois, les concessions de priviléges, les nominations aux charges appartenaient au roi, mais n'étaient définitives qu'avec l'assentiment du peuple consulté dans son assemblée nationale, réunion des Sages Hommes du pays tout entier (18). Ce n'est pas tout : ceux qui lui avaient donné son pouvoir et qui le dirigeaient dans l'emploi qu'il en faisait, pouvaient encore, quand le besoin l'exigeait, lui retirer ce pouvoir après le lui avoir confié. A de rares intervalles — car c'est seulement à de rares intervalles qu'il est vraisemblable qu'on en vienne à cette extrémité — la nation anglaise a exercé le plus éminent de ses pouvoirs, en reprenant la couronne à des rois indignes de la porter. Je ne parle pas d'actes violents ou de meurtres, non plus que de procès qui, bien que revêtus de la forme légale, n'avaient pas de précédents dans notre histoire. Je ne parle ni de la mort secrète d'Henri VI, ni de l'exécution publique de Charles Iᵉʳ. Je parle de la marche régulière de la loi. Dans le Northumberland, le droit de déposition était exercé avec une fréquence particulière. Mais je veux me restreindre à cette lignée directe et ininterrompue de princes qui, de rois de Wessex, devinrent rois d'Angleterre. Six fois au moins dans l'espace de neuf cents ans, de Sigeberht de Wessex à Jacques II, le Witan ou Parlement usa du plus extrême et du plus éminent de ses pouvoirs (19).

Le dernier exercice qui en a été fait en a rendu inutile tout exercice futur. Tout ce qu'on avait à gagner dans les anciens temps par la déposition d'un roi peut être obtenu maintenant par un vote de blâme contre un ministre, ou, dans le cas le plus extrême, par sa mise en accusation.

Mais, outre l'accroissement du pouvoir royal qui résulta naturellement de l'accroissement des domaines du roi, une autre cause contribua activement à revêtir le roi d'une influence personnelle dont l'importance fut presque plus grande que son autorité politique. Pour une partie considérable de ses sujets, pour tous les hommes d'une fortune ou d'une puissance plus qu'ordinaire, le roi cessa par degrés d'être uniquement roi, pour devenir *lord*, et, par degrés aussi, ses sujets devinrent, de sujets qu'ils étaient seulement, ses *hommes*. Ces mots demandent une explication, et je vais encore remonter à Tacite comme à notre point de départ. Parallèlement à la société politique, composée du roi, des nobles, de l'assemblée populaire, autant de pouvoirs strictement politiques, il décrit une autre institution, une relation qui n'a plus rien de politique en elle-même, purement personnelle au contraire, mais qui devint graduellement de la plus haute importance politique : c'est l'institution du *compagnonnage* (*comitatus*), le système de relation personnelle entre un homme et son *lord*, relation qui consistait en service fidèle d'une part, en fidèle protection de l'autre. Écoutons encore parler le célèbre Romain, interprète de nos plus vieilles traditions.

« Il n'y a pas de honte chez les Germains à être vu parmi les compagnons (*comites*) d'un chef. Or, il y a des degrés dans le compagnonnage (*comitatus*), selon l'estime accordée par celui dont on forme la suite ; et il existe une grande rivalité entre les compagnons, à qui se maintiendra le plus haut dans la faveur de son chef, comme entre les chefs, à qui aura les plus nombreux et les plus vaillants compagnons... Quand on en vient à l'action, il est honteux pour le chef d'être surpassé en valeur ; il est honteux pour les compagnons de ne pas égaler la valeur de leur chef. C'est même une note d'infamie pour le reste de la vie que de se retirer sain et sauf du champ de bataille où le chef a péri. Le garder, le défendre, rapporter à sa gloire leurs propres hauts faits, est le premier devoir pieux de ses compagnons. Les chefs combattent pour la victoire ; les compagnons combattent pour leur chef. »

Telle est la description que fait du compagnonnage un historien romain du second siècle. Permettez-moi de mettre en regard de ce passage les vers d'un poëte anglais du dixième. Ce poëte raconte la bataille de Maldon qui fut livrée, en 991, par les Saxons de l'Est, sous le commandement de leur seigneur (*ealdorman*) Brihtnoth, aux envahisseurs normands. Le seigneur a été tué ; deux de ses suivants se sont enfuis, l'un d'eux sur le cheval du seigneur, et toutes les expressions qui sont mises dans la bouche de ses compagnons restés fidèles roulent sur le lien personnel qui existe entre eux et leur lord (20).

> « Là dessus l'abattent
> Les soldats païens ;
> Et les deux guerriers
> A ses deux côtés,
> OElfnoth et Wulfmœr,
> Mordent la poussière
> Auprès de leur lord.
> Leur sang coûta cher !
> D'autres se retirent
> Lassés du combat.
> Là les fils d'Odda
> Les premiers s'enfuirent ;
> Godric déserta,
> Délaissant le brave
> Qui lui fit présent
> De tant de coursiers
> Il prit le cheval
> Que son lord montait,
> Sautant sur la housse,
> Malgré son devoir (a). »

A présent, nous passons aux exploits accomplis par ses thanes sur son cadavre :

> « Là fut renversé
> Le chef de l'armée,

(a) On trouvera à la fin du volume le texte de cette ballade qui mérite d'exercer le talent d'un poëte. Nous nous sommes contenté d'en présenter au lecteur un mot-à-mot rhythmé.

Le comte Ethelred ;
Là ses camarades,
Chers à son foyer,
Le virent gisant.
Alors s'élancèrent
Les superbes thanes ;
Les hommes sans peur
Se hâtent joyeux ;
Ils veulent tous là,
De ces deux sorts l'un,
Mourir, ou venger
Leur chef tant aimé. »

Alors l'un des thanes prend la parole :

« Non, jamais au camp
Thane ne pourra
Me jeter l'insulte,
Disant que j'ai fui
Pour revoir mon toit,
Quand gît mon seigneur,
Mort dans le combat.
Perte irréparable !
C'était mon parent,
Et c'était mon lord. »

Un autre parle à son tour :

« Quel courage, Œlfwine,
Tu donnais aux thanes
Au fort du danger !
Puisque notre lord
Le comte est à terre,
Que chacun de nous
Excite les autres
Guerriers à la guerre,
Tant que nous pourrons
Bien tenir nos armes,
Mortel cimeterre,
Lance et bonne épée. »

Un troisième reprend :

« Je promets ceci :
D'ici je ne veux
Reculer d'un pas ;
Mais j'avancerai
Pour venger mon lord
Et mon camarade ;
Et près du lac Stour
Nul héros sans peur
Ne m'insultera,
Parce que tout seul
J'irais au logis
Quittant le combat. »

Le récit continue un peu plus loin :

« Tôt dans la bataille
Offa succomba ;
Mais il accomplit
Le vœu de son lord.
Il avait promis,
En prenant l'anneau,
Que tous deux ensemble
Au bourg chevauchant
Retourneraient saufs,
Ou dans la mêlée,
Au fort du carnage,
Tomberaient frappés :
Il gît en vrai thane
Auprès de son lord. »

Enfin, un dernier achève :

« Que l'âme soit forte,
Le cœur plus ardent,
La valeur plus grande,
Quand décroît le nombre.
Voici le chef mort,
Tout du long couché :
Héros dans la poudre !
Maudit celui qui

> A ce jeu sanglant
> Maintenant renonce !
> Je suis vieux de jours ;
> D'ici je ne pars.
> Je veux aux côtés,
> Aux côtés du lord,
> D'un homme si cher,
> Oui, je veux tomber. »

L'institution du compagnonnage militaire semble avoir un peu étonné Tacite. Il se croit obligé de faire remarquer que ce genre de relation personnelle n'était pas regardé chez les Germains comme humiliant. C'était là le sentiment naturel à un Romain. Un citoyen romain n'avait absolument de devoirs qu'envers l'État. L'État pouvait être représenté soit par un magistrat responsable, soit par un empereur sans responsabilité ; mais, dans les deux cas, l'obéissance était due au représentant de l'État : il n'existait aucune relation personnelle avec l'homme. La vieille institution romaine du patron et du client, qui avait tant de ressemblance avec le compagnonnage germain, était à peu près disparue du temps de Tacite, et, à aucune époque, elle n'avait été adoptée par les hommes de haut rang (21). Ce qui étonnait Tacite, c'est que, chez les Germains, les hommes les plus élevés par leur naissance et leurs exploits n'étaient pas considérés comme deshonorés pour entrer au service personnel d'un seigneur. Pour Tacite lui-même, Trajan était le magistrat suprême de la République romaine, le commandant en chef de l'armée ; il n'était le maître personnel que de ses esclaves et de ses affranchis (22). Ce fut seulement à une époque bien postérieure de l'Empire romain que le service personnel à la cour ou dans la famille de l'empereur commença à être regardé comme honorable (23). Au contraire, chez les Teutons, la relation personnelle colorait tout ; le service personnel vis-à-vis d'un roi ou d'un autre chef fut honorable dès le principe ; les nobles les plus fiers de l'Europe se sont tenus jusqu'à nos jours pour très-honorés de remplir auprès de la personne des empereurs, des rois et d'autres princes, des offices que Tacite eût jugés être au-dessous de la dignité d'un citoyen romain. Nous avons pris l'habitude aujourd'hui de ne voir rendre ce genre de service qu'à un personnage royal ; il y a quelques siècles, les hommes de tout rang s'estimaient honorés d'en être chargés auprès d'hommes du rang immédiatement supérieur au leur, ou même d'hommes de leur propre rang qui les devançaient en âge et en réputation. Le chevalier était servi par son écuyer, le maître par son élève ; et le même principe, mis de côté en toute autre occasion, se perpétue encore dans un usage qui est indubitablement un reste du compagnonnage teutonique, je veux dire le *fagging* de nos écoles publiques.

Or, le résultat politique du principe de service personnel, de cette institution du compagnonnage, se

développant à côté de la primitive société politique,
fut de la plus haute importance dans notre vieille
histoire. La relation personnelle en vint à absorber
la relation purement politique. Entrer au service
d'un chef devint une pratique si bien établie qu'à la
fin on jugea du devoir de chaque homme de « chercher un seigneur », ou, comme on disait, de se
recommander, de se placer sous la protection d'un
homme plus puissant que soi-même. L'*homme* devait service fidèle à son *lord ;* le lord devait fidèle
protection à son homme. Le nom même de *lord*,
dans sa plus ancienne et plus complète forme,
hlaford, implique l'idée de la récompense que le
lord accordait à son homme fidèle. Ce mot ne laisse
pas que d'être embarrassant ; mais on ne peut douter
qu'il ne se rattache à la racine *hlaf*, *loaf*, et que le
sens générique n'en soit le *donneur de pain* (24).

Maintenant, se cache ici quelque chose qui a considérablement affecté toute l'organisation politique et
sociale qui suivit. L'institution du compagnonnage,
dans son premier état, n'avait absolument rien à
voir avec la possession de la terre. Mais l'*homme*
attendait la récompense de son fidèle service des
mains de son *lord ;* il attendait le pain que celui-ci,
par son titre même de lord, s'était engagé à lui
donner. Il n'y avait naturellement aucune forme
de récompense, aucune manière de *donner le pain*
qui fût aussi commode ou aussi honorable que le

présent d'une terre, que l'homme devait posséder comme prix du service passé et condition du service futur. Au surplus la coutume de concéder des terres dont la possession était soumise à l'obligation d'un service militaire était devenue commune dans les derniers temps de la puissance romaine (25). Ces terres, naturellement, y étaient tenues non pas de l'empereur comme seigneur personnel, mais de la république romaine dont l'empereur était le chef et le représentant. Mais cet usage de tenir des terres par le service militaire se rencontra à propos avec l'institution teutonique du service personnel, et l'union de ces deux genres de services dans la même personne produisit cette relation féodale qui a eu une action si puissante sur toute la vie politique et sociale durant le cours entier du moyen âge et ensuite jusqu'à notre temps.

La terre concédée par le lord à son homme, ou la terre que l'homme consentait à tenir comme si elle lui avait été ainsi concédée, pouvait être un royaume qu'on tenait de l'empereur ou du pape, tout aussi bien que le plus petit État qu'on tenait d'un voisin plus puissant. Dans les deux cas, une telle tenure par le service militaire était un *fief*, et de l'institution de ces fiefs sortit, avec des conséquences multiples pour le bien et pour le mal, ce qu'on appela le système féodal. Mais en tant que le système féodal exista, soit en Angleterre, soit dans toute autre contrée, il exista absolument comme un système qui avait grandi côte à côte d'un autre plus ancien, qu'il déplaça en entier ou en partie. Le tenancier féodal, tenant sa terre d'un lord par le service militaire, supplanta graduellement, en entier ou en partie, dans la plupart des contrées de l'Europe, le possesseur *allodial*, qui ne tenait sa terre d'aucun autre homme, et ne connaissait de supérieur que Dieu et la loi. En Angleterre, ce changement ne se fit que graduellement et par parties; ce fut par le moyen de la conquête normande, ou, plus exactement, à la faveur des subtiles théories légales introduites avec la conquête normande, qu'il s'établit définitivement. Et, après tout, c'est plutôt en théorie qu'en fait qu'il fut établi. Le système féodal, en tant que système adopté dans tout le pays et affectant toutes les relations de la vie, ne s'établit jamais aussi complétement en Angleterre que dans certains pays du continent.

Mais ce n'est qu'indirectement que mon sujet a quelque chose à démêler avec le système féodal, et surtout avec son action sur la société politique. J'ai à étudier le compagnonnage, d'où est sortie la relation féodale, principalement sous un autre aspect, également indirect, à savoir, la manière dont il influa sur nos plus anciennes institutions. Il nous a donné une nouvelle forme de noblesse, une noblesse de service et de relation

personnelle vis-à-vis du roi, au lieu d'une noblesse
fondée sur la naissance seule. Il nous a donné une
noblesse de Thanes, qui, peu à peu, supplanta l'ancienne noblesse des *eorls*.

A mesure que grandirent la puissance et la dignité
royales, on en vint à regarder comme le comble de
l'honneur d'entrer au service personnel du roi. Deux
résultats s'ensuivirent : le service du roi, c'est-à-dire
une place dans le compagnonnage royal, devint la
marque et la consécration d'une origine noble. Et ce
fut une grande force pour le pouvoir du roi, quand
celui-ci eut établi, avec tous les chefs de son royaume,
non-seulement la relation d'un chef politique, mais
encore celle d'un seigneur immédiat, d'un seigneur
au service duquel ils étaient attachés par un lien personnel, et de qui ils tenaient leurs terres, comme le
présent de sa personnelle bonté. Il faut peut-être voir
la marque d'un déclin de la première idée du compagnonnage dans ce fait que le vieux mot *gesith*,
compagnon, répondant exactement au mot latin *comes*
employé par Tacite, fut remplacé par le nom de
thane (*thegn*), littéralement *serviteur*. Mais tant que le
service personnel fut estimé honorable, le nom de
serviteur ne fut pas une dégradation, et le nom de
Thane devint l'équivalent du titre plus ancien
d'*eorl*. Les thanes du roi, les hommes qui tenaient
leur terre du roi et lui étaient attachés par le lien
du service personnel, formèrent la plus haute classe

de la noblesse. Les thanes de lords inférieurs, d'évêques et d'*ealdormen*, formèrent une seconde classe. Une noblesse de ce genre, on ne peut en douter, était d'un genre bien plus libéral que l'ancienne noblesse de naissance, à tel point que l'admission dans ses rangs n'était pas interdite aux hommes d'une classe inférieure. Le *ceorl*, l'homme libre du commun, ne pouvait pas, à la rigueur, devenir un *eorl*, par la simple raison qu'il ne pouvait pas changer d'ancêtres; mais il pouvait, et c'est ce qui arriva souvent, devenir un *thane*. D'un autre côté cependant, une semblable noblesse, tout en facilitant l'élévation du commun des hommes libres, tendait à abaisser la condition de ceux d'entre eux qui ne s'élevaient pas. Par la même raison que la barrière de la naissance ne peut être franchie, elle est à quelques égards moins gênante que celle de la fortune ou de l'emploi. Les priviléges d'une classe strictement héréditaire se réduisent plus naturellement à de pures distinctions honorifiques que ceux d'une noblesse dont le rang est soutenu par les solides avantages d'un office et d'une relation personnelle avec le souverain.

Ainsi donc la tendance des premiers six cents ans après l'établissement des Anglais dans la Grande-Bretagne fut d'accroître le pouvoir de la couronne, d'abaisser la classe inférieure des hommes libres, de transformer la noblesse de naissance en une noblesse de service personnel vis-à-vis du roi. Autrement dit, l'Angleterre, avant la conquête normande, avait déjà commencé à marcher, bien qu'avec moins de célérité que la plupart des autres nations, dans la voie qui conduisait à la ruine générale de la liberté par toute l'Europe. L'invasion étrangère qui, un instant, parut avoir fondé la liberté à jamais, ne fit en réalité qu'en préparer l'éclosion nouvelle, le rajeunissement, sous une forme mieux adaptée à l'état modifié des choses, plus propre à passer jusqu'aux temps modernes, plus favorable à la conservation du bien-être d'une grande nation, que celle qu'offrait la vieille société teutonique et qu'on retrouve encore dans ces coins écartés du monde dont je parlais au début de mon discours. Cette destruction momentanée, cette nouvelle vie qui dure encore, seront le sujet de mon second chapitre. Je ne veux pour le moment que vous engager à vous pénétrer de cette idée que l'Angleterre n'a jamais été laissée à aucune époque sans une assemblée nationale d'un genre ou d'un autre. Que ce fût le Witenagemot, le Grand-Conseil ou le Parlement, il y a toujours eu un corps d'hommes, prétendant, avec plus ou moins de droit, parler au nom de la nation. Et n'oubliez pas non plus que, jusqu'à la conquête normande, le corps qui réclama la parole au nom de la nation, fut, du moins dans la théorie légale, la nation elle-même.

C'est là un point sur lequel je me propose de revenir pour en parler plus au long. Pour le moment, je voudrais seulement vous suggérer l'opinion, nouvelle peut-être pour beaucoup de personnes, qu'il fut un temps où tout homme libre en Angleterre, non moins que tout homme libre à Uri, pouvait réclamer un vote direct dans les conseils de son pays. Il fut un temps où tout homme libre en Angleterre pouvait faire entendre sa voix ou résonner sa lance dans l'assemblée qui nommait les évêques, les *ealdormen* et les rois ; un temps où il pouvait se vanter que les lois auxquelles il obéissait étaient celles qu'il avait faites lui-même ; les hommes qui avaient pouvoir sur lui, des chefs de son propre choix. Ces jours sont passés, et nous n'avons nul besoin de chercher à les faire revenir. Les luttes des siècles sur les champs de bataille et dans le Sénat nous ont rendu les mêmes droits sous une forme mieux appropriée à notre temps que la liberté barbare de nos pères. Néanmoins il est bon que nous reportions nos regards sur la source d'où dérive tout ce dont nous sommes fiers comme de notre bien, tout ce que nous avons transmis aux républiques nos filles (*a*) sur les autres continents.

(*a*) C'est à juste titre que le Parlementarisme anglais revendique la gloire de cette paternité républicaine. On ne peut nier un fait. La république des États-Unis n'eût pas si aisément et de prime abord réglé son admirable vie politique — celle des beaux temps de son origine — si elle n'avait eu autre

Glorifions les hommes fameux dont nous descendons. Contemplons le roc dans lequel nous avons
été taillés, et le fond de la mine d'où nous fûmes
tirés. La liberté, dit le vieux poëte, est une noble
chose (26). C'est aussi une chose ancienne. Et ceux
qui l'aiment maintenant sous son moderne aspect
ne doivent jamais craindre de rechercher ses formes
anciennes, en remontant aux premiers jours où
l'histoire a quelque chose à nous dire de la vie la
plus reculée de nos pères et de nos aînés.

chose à faire que de donner libre cours au développement
hâtif des principes mêmes qui mûrissent encore lentement dans
la mère patrie.

CHAPITRE II

Dans mon premier chapitre, je me suis occupé principalement des institutions politiques des premiers temps, de ces institutions communes à toute notre race, qui vivent encore intactes dans quelques petites sociétés primitives qu'elle a fondées, et d'où est sortie la constitution encore existante de l'Angleterre. Je dois maintenant, pour traiter la seconde partie de mon sujet, montrer par quels degrés cette constitution est sortie d'un état politique avec lequel, à première vue, elle semble avoir si peu de rapport.

Le point capital de ma thèse, c'est qu'en effet elle en est sortie, dans le sens le plus strict du mot. Notre constitution n'a jamais été faite, dans le sens où on l'entend des constitutions de plusieurs autres pays. Il n'y a jamais eu un moment où les Anglais présentèrent leur système politique sous la forme d'un acte solennel qui fût ou l'exposition de théories abstraites, ou la reproduction du système présent ou passé d'une autre nation. Il existe bien, il est vrai, certains grands monuments politiques, dont chacun marque une étape dans l'histoire de nos institutions. Ainsi, la Grande Charte, la pétition du droit, le bill des droits. Mais aucun d'eux ne s'annonça comme l'établissement de quelque chose de nouveau. Ils ne prétendirent tous qu'à exposer avec une nouvelle force, s'il se pouvait, et une nouvelle clarté, des droits dont les Anglais jouissaient déjà depuis longtemps.

Dans toutes nos grandes luttes politiques, la voix des Anglais ne s'est jamais élevée pour demander l'affirmation de nouveaux principes, l'établissement de lois nouvelles ; mais le cri public a toujours réclamé une meilleure observation des lois en vigueur, avec le redressement des torts nés de leur corruption ou de l'oubli qu'on en faisait (1). Jusqu'à ce que la Grande Charte eût été arrachée au roi Jean, on réclama les lois du bon roi Édouard ; et lorsque le tyran, malgré lui, eut apposé son sceau à cette œuvre capitale, fondement de toutes nos lois postérieures, on se borna à exiger la stricte observation d'une charte qui passait elle-même pour n'être rien autre chose que la constitution d'Édouard sous une forme nouvelle (2). Nous avons fait des changements de temps en temps ; mais ces changements ont été à la fois un acte de conservation et un progrès : un acte de conservation, parce qu'ils étaient un progrès ; un progrès, parce qu'ils conservaient. C'était l'application d'anciens principes à des circonstances nouvelles ; on réparait soigneusement un vieil édifice, on ne l'abattait pas pour en élever un nouveau. La vie, l'âme de la loi anglaise a toujours été *le précédent ;* nous avons toujours cru que ce que nos pères firent une fois, leurs fils avaient raison de le faire encore. Lorsque les états du royaume déclarèrent vacant le trône de Jacques II, ils n'essayèrent pas de justifier leur conduite à l'aide de quelque doctrine du droit de résistance, ou de quelque théorie des droits de l'homme. Il suffisait que, trois cents ans auparavant, les états du royaume eussent déclaré vacant le trône de Richard II (3). En marchant ainsi dans les vieilles routes battues, en prêtant ainsi l'oreille à la sagesse de nos ancêtres, nous avons pu changer toutes les fois que le changement a été nécessaire, et nous nous sommes gardés de le faire par pur amour pour une abstraite théorie. C'est ainsi que nous avons été capables d'avancer, un peu lentement sans doute, mais d'autant plus sûrement ; et, lorsqu'il nous est arrivé de faire fausse route, nous avons pu revenir sur nos pas. C'est sur cette dernière faculté, celle de défaire ce qui a été fait mal à propos, que je veux particulièrement insister. En suivant les degrés par où notre constitution est parvenue à sa forme actuelle, j'essaierai par-dessus tout de montrer dans combien de circonstances répétées les meilleures dispositions de la législation moderne ont été, volontairement ou non, un retour aux principes de notre plus ancienne histoire.

Dans mon premier chapitre, j'ai essayé de faire voir comment nos pères apportèrent avec eux dans l'île de la Grande-Bretagne les institutions originelles qui leur furent communes avec toute la race teutonique. J'ai essayé de faire voir comment ces institutions furent modifiées dans le cours des âges par l'invasion anglaise en Bretagne, et par les événements qui la suivirent. J'ai montré comment le pouvoir royal s'accrut avec chaque accroissement territorial du royaume; comment l'ancienne noblesse de naissance céda la place à une nouvelle noblesse de relation personnelle avec le souverain, et comment l'effet de ces changements semble avoir été de rendre plus aisée l'élévation de l'individu libre de la classe inférieure, mais en même temps d'abaisser la condition des simples hommes libres (bourgeois et paysans), en tant que classe. Ce dernier changement s'opéra plus largement encore comme résultat indépendant des mêmes changements qui tendaient à accroître le pouvoir royal. Dans un état de choses où la représentation est inconnue, où chaque homme libre est électeur et législateur, mais où, s'il exerce ses droits électifs et législatifs, il doit le faire directement et en personne; dans un tel état de choses, chaque accroissement du territoire national rend ces droits d'une valeur moins pratique, et devient cause que les pouvoirs réels du gouvernement se concentrent dans les mains d'un corps moins considérable.

Il n'est pas douteux que, dans les plus anciennes assemblées teutoniques, tout homme libre n'eût sa place. Il n'est pas douteux qu'en Angleterre tout homme libre ne l'ait gardée dans les petites assemblées locales du *mark*, du *hundred* et du *shire*. Encore aujourd'hui, là où la législation moderne n'a pas fait disparaître entièrement le vieux droit, il en garde, comme je l'ai fait entendre dans ma première lecture, une ombre légère, lorsqu'il donne son vote dans l'assemblée, qui, de nos jours encore, rappelle le *Mark*, c'est-à-dire dans le *Vestry* de sa paroisse.

Mais comment les choses se passaient-elles pour la grande assemblée générale, l'assemblée des *Sages* (*Wise*), le Witenagemot de tout le royaume? Aucun monument ancien ne nous donne un exposé clair ou authentique de la constitution de ce corps. On en parle généralement d'une manière vague, comme d'une réunion des hommes sages, des nobles, des grands. Mais, à côté de passages comme ceux-là, on en trouve d'autres qui en parlent d'une manière qui suppose une constitution bien plus populaire. Le roi Édouard y est dit avoir été nommé roi par « tout le peuple ». Le comte

Godwine « prononce son discours devant le roi et toute la population du pays. » Les sentences judiciaires et les autres actes de l'autorité sont votés par l'armée, c'est-à-dire par le peuple en armes. Quelquefois on trouve une mention expresse de la présence de considérables et populaires classes d'hommes, comme les citoyens de Londres ou de Winchester. La conséquence de tout ceci est facile à tirer. Le droit du simple homme libre d'être présent, de voter, — il serait peut-être plus près de la vérité de dire acclamer (4), — dans l'assemblée générale de tout le royaume, ne fut jamais formellement supprimé. Mais c'était un droit que, vu sa nature particulière, la plupart des citoyens pouvaient à peine jamais exercer. Des hommes riches seuls pouvaient avoir le moyen, et des hommes de quelque importance personnelle la tentation de faire de longs voyages dans ce but. Il n'est pas vraisemblable qu'une grande multitude, dans des circonstances ordinaires, partît du nord de l'Angleterre pour assister à des assemblées tenues habituellement à Westminster, à Winchester et à Glocester. Il est évident que l'assistance à ces assemblées ne devait être l'habitude que d'un petit corps de chefs, comtes, évêques, abbés, les officiers de la cour du roi, les thanes les plus riches ou les plus influents. Mais il est évident aussi que, lorsque la nation était particulièrement excitée par quelque intérêt

4.

puissant, on voyait se mettre en route un grand nombre d'hommes qui ne l'auraient pas fait en temps ordinaire. De plus, lorsque l'assemblée se tenait dans une ville, les citoyens de cette ville, à l'instant, formaient un élément populaire tout prêt sur le lieu même. Nous pouvons expliquer ainsi les termes en apparence contradictoires dans lesquels on parle de l'assemblée, quelquefois comme si elle était un corps aristocratique, d'autres fois comme si elle était au contraire un corps profondément démocratique. En effet, c'était un corps, démocratique dans l'ancienne théorie, aristocratique dans la pratique ordinaire, mais auquel une puissante impulsion populaire pouvait rendre parfois son ancien caractère démocratique. Les actes d'une représentation librement élue pouvaient, sans un trop grand effort de langage, être attribués au peuple entier lui-même. Les actes, au contraire, d'un corps qui n'eût pas été représentatif n'auraient jamais pu être appelés les actes du peuple entier, si le peuple entier n'avait eu le droit reconnu de prendre part à ses réunions, bien que ce droit, dans les circonstances ordinaires, ne pût être exercé que par un petit nombre de citoyens.

C'est de ce corps, dont la constitution, au temps de la conquête normande, n'était pas peu devenue irrégulière et indécise, que notre Parlement est directement sorti. De l'une des deux Chambres de ce parlement on peut dire plus; on peut dire, non pas seulement qu'elle est issue de l'ancienne assemblée anglaise, mais qu'elle est absolument la même, et personnellement identique. La Chambre des lords ne dérive pas de l'ancien Witenagemot : c'est le Witenagemot lui-même. Je ne puis apercevoir aucune différence entre les deux assemblées. Le roi Guillaume convoquait son *Witan* comme le roi Édouard l'avait convoqué avant lui. Dans une assemblée mémorable du règne du Conquérant, nous lisons que les grands du royaume furent renforcés par la présence du corps entier des tenanciers d'Angleterre, dont le nombre, suivant la tradition, s'éleva à soixante mille. Mais, en règle générale, les Grands-Conseils, après la conquête normande, présentent le même caractère incertain et flottant que les *Gémots* des anciens jours. Dans la constitution de la Chambre des lords, je ne puis rien voir de mystérieux ni d'étonnant. Le caractère héréditaire qui lui est propre s'introduisit, comme d'autres choses, insensiblement, par accident plutôt que par suite d'un dessein arrêté. On ne devrait pas oublier non plus que, aussi longtemps que les évêques garderont leurs siéges dans la Chambre, le caractère héréditaire de cette Chambre ne s'étendra pas à tous ses membres.

Pour moi, il me semble simplement que deux classes d'hommes, les deux classes les plus élevées, les comtes et les évêques, ne perdirent ou ne cessèrent jamais d'exercer ce droit d'assister à l'assemblée de la nation, droit qui d'abord leur était commun avec tous les autres hommes libres. Outre ces deux classes, le roi convoquait d'autres hommes à nos anciens parlements, à peu près, il semblerait, suivant son bon plaisir. Le droit du roi d'agir ainsi ne pouvait être dénié; quand tout le monde avait un droit abstrait à siéger, on ne pouvait blâmer le roi d'appeler spécialement ceux dont il désirait particulièrement la présence. Mais il devait presque naturellement s'ensuivre que ces convocations spéciales seraient graduellement considérées comme conférant un droit exclusif, et que ceux qui n'étaient pas particulièrement appelés seraient bientôt considérés comme n'ayant aucune part ni aucun intérêt dans l'affaire. Il est certain cependant qu'il s'écoula un long temps avant que de telles convocations aient passé pour conférer un droit héréditaire, ou seulement un droit personnel durable. Le roi ne désignait jamais les mêmes hommes pour chaque parlement. En dehors des comtes et des évêques, les autres membres, tant du corps laïque que du clergé, furent toujours convoqués, mais la liste de ceux qui le furent, soit parmi les laïques, soit parmi les dignitaires ecclésiastiques inférieurs, varie constamment d'un parlement à l'autre. Que les convocations personnelles conférassent un droit

héréditaire exclusif, c'est là une de ces inventions
de légistes qui se sont glissées en si grand nombre
dans notre constitution. Lorsque la notion de droit
héréditaire se fut une fois introduite, la création
formelle de pairies par brevets fut un pas tout naturel. En considérant la chose de ce point de vue
historique, il me semble tout simplement étonnant
qu'on puisse mettre en doute le pouvoir de la couronne de créer des pairies à vie, comme de régu-
lariser la jouissance ou la succession d'une pairie
de la manière qu'elle trouve bon de le faire.

Ainsi donc, la Chambre des lords, je n'hésite pas
à le dire, représente, ou plutôt est bien l'ancien
Witenagemot lui-même. Une assemblée, où tout
d'abord chaque homme libre avait le droit de paraître, s'est trouvée, par la force des choses,
peu à peu, sans qu'il y ait eu à un moment quelconque de changement soudain, réduite à une assemblée entièrement héréditaire et officielle, assemblée à laquelle la couronne peut appeler tout
citoyen, et ne peut pas, étrangeté admise aujour-
d'hui, refuser d'appeler les représentants de quiconque elle y a une fois convoqué. Comme il est
arrivé pour presque tout le reste, la tendance à se
réduire à un corps de ce genre commença à se
manifester avant la conquête normande, et fut
finalement confirmée et fixée par les résultats de
cette conquête. Mais la fonction spéciale du corps

sorti de la transformation de la vieille assemblée nationale, la fonction d'une « autre Chambre », Chambre haute, Chambre des lords par opposition à la Chambre des communes, ne pouvait pas se manifester avant qu'une seconde Chambre d'une constitution plus populaire se fût formée à ses côtés.

De même que tout le reste dans notre constitution politique anglaise, les deux Chambres naquirent en quelque sorte spontanément et d'elles mêmes. Ni l'une ni l'autre ne fut la création d'un ingénieux théoricien, bien qu'il ne soit pas douteux que plusieurs des progrès successifs de leur développement n'aient été, chacun à son moment, l'œuvre d'un homme d'État pratique. Nos ancêtres n'avaient pas de systèmes ; mais chaque génération, à tour de rôle, avait les yeux assez clairvoyants pour s'apercevoir que tel ou tel changement de détail corrigerait tel ou tel mal immédiat, ou entraînerait avec soi tel ou tel immédiat avantage. Il y a plus, il est arrivé quelquefois qu'un changement qui avait été introduit dans une mauvaise intention avait, en fin de compte, opéré un bien. Des mesures, prises d'abord en vue de fortifier le pouvoir de la couronne, ont abouti à l'extension des droits du peuple. En revanche, des institutions qui répondaient jadis à un dessein honnête et nécessaire, ont quelquefois, avec le changement des temps, changé de nature et servi d'instruments pour le mal au lieu d'aider au bien. Mais, ni dans l'un ni dans l'autre cas, les institutions de nos pères ne furent le résultat d'une théorie abstraite. C'est pour cela qu'elles ont survécu, et porté de bons fruits. Notre assemblée nationale a changé de nom et de constitution, mais son identité, en tant que corps politique, est restée entière. Voilà pourquoi nous pouvons, à un moment donné, réformer sans détruire. En France, au contraire, les institutions ont été l'œuvre de théories abstraites ; elles ont été la création, pour le bien ou pour le mal, de la pensée de certains individus. Le Parlement anglais existe de temps immémorial ; il est sorti peu à peu du plus ancien état de choses. En France, l'ancien ordre de choses disparut complétement ; le terrain resta libre pour la création d'une institution entièrement nouvelle, et les états généraux virent le jour sur l'ordre de Philippe le Bel. Les Anglais, aux quatorzième et quinzième siècles, n'avaient aucune théorie des droits de l'homme ou de l'humanité universelle. Mais quand ils voyaient un abus dans la pratique, ils en réclamaient le redressement. Les Français, aux quatorzième et quinzième siècles, avaient des théories aussi magnifiques qu'aucune de celles qui aient été produites au dix-huitième ou au dix-neuvième. Ils avaient même appris déjà à faire des œuvres de sang au nom de la liberté et de la philanthropie (*a*). C'est pourquoi les institutions françaises n'ont pas duré. Les états généraux ne vécurent que d'une vie intermittente de siècle en siècle, et périrent à jamais dans la grande Révolution. Depuis cette époque, aucune institution française, aucune forme du pouvoir, soit législatif, soit exécutif, n'a été capable de subsister vingt ans sans interruption. Cette différence n'a pas tenu au défaut de grands hommes ou de nobles desseins chez nos voisins du continent. Elle est due en partie, pouvons-nous croire, aux différences du génie naturel des deux nations, en partie au cours différent que prit leur histoire respective. En France, les rois firent graduellement disparaître toute trace des vieilles institutions libérales, et établirent un franc despo-

(*a*) L'auteur a raison de condamner ces « œuvres de sang », et de critiquer la fureur de systèmes qui nous travaille. Il a tort, dans cette allusion à notre célèbre Révolution, de méconnaître la grandeur du sentiment de liberté qui l'anima, et aussi la puissance que doit déployer un peuple pour remuer tout un passé avec une idée. Cette intervention active de l'homme dans sa propre destinée sociale ne témoigne-t-elle pas d'une énergie plus digne de lui que sa soumission passive à la fatalité des événements qui sortent l'un après l'autre des mystérieuses origines de la nation? Il ne faut rien exagérer non plus. On peut nier que toutes les anciennes institutions de la France, à aucune époque, aient si complétement disparu, et qu'en particulier rien de notre ancien régime n'ait servi au nouveau. Il serait plus vrai de dire que celui-ci a réorganisé sous une nouvelle inspiration, et en les complétant, les éléments recueillis dans l'autre.

tisme de la couronne (a). Aussi les Français sont-ils restés sans traditions sur le fondement desquelles il leur fût possible d'édifier. Dans tous leurs changements, soit en bien, soit en mal, ils ont été forcés de construire à nouveau par la base. Nos rois, au contraire, n'abolirent jamais entièrement nos institutions libres; ils trouvèrent le moyen de les faire servir à leurs desseins, et d'établir un despotisme effectif sans détruire les formes extérieures de la liberté. Les formes survécurent ainsi, et, dans des temps meilleurs, purent s'adapter à leur substance. Nous avons toujours eu des principes traditionnels auxquels nous avons pu revenir, une base traditionnelle sur laquelle nous avons pu édifier. Il serait difficile de relever le nombre des assemblées, conventions, chambres des députés, corps législatifs, qui sont nées et ont péri en France, tandis que la Chambre des lords et la Chambre des communes ont survécu, ainsi que leurs pouvoirs, leurs devoirs, leurs relations avec la couronne, avec la nation, et l'une avec l'autre, toujours changeant en silence, mais, dans leur

(a) La lutte des rois français contre l'aristocratie plus forte qu'eux fut d'abord légitime et utile ; après s'être appuyés sur le peuple, ils eurent le tort de ne pas partager avec lui le fruit de la victoire. Les nobles anglais, opprimés par la royauté dont ils triomphèrent à la longue, restèrent fidèles au contraire à leur alliance avec les chevaliers et les bourgeois. De là surtout cette divergence capitale dans les destinées politiques des deux peuples.

existence ininterrompue, restant, à travers ces variations, toujours intactes, toujours les mêmes. .

Cependant je voudrais encore faire remarquer que, pendant que le développement des institutions anglaises s'est ainsi opéré presque en obéissant à une loi naturelle, la sagesse, la prévoyance, le patriotisme d'individus qui furent de grands hommes d'État ne doivent jamais être mis hors de compte. Il existait un état donné de choses, et quelques hommes eurent assez de perspicacité pour voir ce qu'il y avait justement à faire en cet état. Notre constitution n'a pas d'auteur; mais il est un homme à qui, sauf ce titre, nous pouvons décerner tous les honneurs, un homme dont la sagesse et le sacrifice qu'il fit de sa personne imprimèrent à l'histoire d'Angleterre la direction qu'elle a suivie pendant les six cents dernières années. Elle aurait pu sans doute entrer dans cette voie sans lui; les choses auraient pu aboutir comme elles ont fait sans qu'un homme marchât si fort en avant à leur tête; ou, si celui-là n'avait pas paru, quelque autre aurait pu surgir pour accomplir son œuvre. Mais il est inutile de rechercher ce qui aurait pu arriver; il suffit qu'un homme se soit rencontré pour remplir cette mission, qu'un homme ait existé à qui nous sommes redevables de ce que cet étonnant treizième siècle, cette grande époque de création et de destruction par tout le monde, fut pour nous un âge de création et non de ruine. Cet homme, l'homme qui finit par donner à la liberté anglaise sa seconde et sa plus durable forme, le héros et le martyr de l'Angleterre dans la plus terrible de ses luttes constitutionnelles, ce fut Simon de Montfort, comte de Leicester. Si on ne peut pas l'appeler l'auteur de la Constitution anglaise, on peut du moins le nommer le fondateur de la Chambre des communes. C'est de son temps que date la renaissance de la liberté anglaise; c'est surtout grâce à lui que cette liberté renaissante ne fut pas étouffée avant d'avoir porté des fruits durables.

Il peut paraître étrange au premier abord que le fondateur des plus récentes libertés de l'Angleterre ne fût pas un Anglais. Simon de Montfort, originaire de France, fit pour son pays d'adoption ce qu'il n'aurait pas pu faire pour son pays natal même. Et pourquoi? Son pays natal, — dirai-je — florissait ou souffrait sous les vertus funestes du plus équitable des rois (a). Saint Louis régnait en France, saint Louis le juste et le pieux, l'homme qui ne s'écarta jamais du sentier de la justice, l'homme qui, après s'être engagé par serment envers son

(a) Il est difficile de ne pas protester tout de suite contre le paradoxe par trop étrange que va développer l'auteur. Une administration ferme et équitable a-t-elle jamais pu nuire à un État, et n'est-ce pas dégrader la liberté que de la faire naître de préférence dans le bouleversement, la corruption et les ruines ?

voisin, tenait sa parole, à son détriment même. Sous son gouvernement équitable, il ne pouvait y avoir de motif de révolte ni de haine. En entourant la couronne du reflet de la gloire de ses vertus personnelles, il fit plus que personne pour en affermir le pouvoir. Il fit ainsi plus que personne pour frayer la route au misérable despotisme de ses successeurs, dont les actes coupables auraient journellement tourmenté son âme équitable. En Angleterre, au contraire, nous maudissions dans le moment, mais pour la bénir plus tard, une suite de rois détestables. Nous avions des rois dont la poitrine ne recélait aucune étincelle de sentiments anglais, mais dont les folies et les embarras permirent à nos pères de conquérir leur liberté, et d'une manière d'autant plus durable que c'était morceau par morceau qu'ils la leur arrachaient. Un poëte latin a dit autrefois que la liberté ne fleurit jamais avec plus d'éclat que sous un roi équitable (5). C'est ce qui arrive en effet tant que ce roi équitable demeure lui-même parmi les hommes. Mais pour conquérir la liberté comme un héritage à tout jamais, il y a des époques où les vices des rois nous sont plus utiles que leurs vertus. La tyrannie de nos maîtres angevins fit sortir la liberté anglaise de son tombeau momentané. Si Richard, si Jean et Henri avaient été de bons rois comme Alfred et saint Louis, la crosse d'Étienne Langton et l'épée de

Robert Fitz Walter n'auraient jamais étincelé en avant des barons et du peuple anglais; les hauteurs de Lewes n'auraient jamais vu le plus décisif triomphe de sa liberté; le pavé du chœur d'Evesham ne se serait jamais fermé sur les restes mutilés de son plus noble champion (6).

La carrière de Simon de Montfort est la plus glorieuse dans toute notre histoire moderne. Il doit avoir le cœur bien froid l'Anglais qui ne tressaille pas, plein de respect et de reconnaissance, en prononçant ce nom immortel! Mais pour bien comprendre son œuvre, il nous faut remonter quelque peu avant son temps, reculer et chercher comment la domination des étrangers envahisseurs prépara d'abord la voie à la carrière du libérateur étranger. J'ai montré où en était notre constitution à l'époque de la conquête normande. Dans cette constitution, qu'on s'en souvienne bien, la conquête normande n'opéra absolument aucun changement formel (a). Rien n'a produit un effet plus durable sur toute l'histoire anglaise des temps postérieurs que le caractère personnel et la politique du conquérant normand. Mais ce n'est pas en qualité de législateur que Guillaume accomplit son œuvre principale.

(a) En obligeant le peuple conquis à se serrer dans une union défensive, elle arrêta le progrès des juridictions seigneuriales, fortifia les cours de comtés, et empêcha les institutions saxonnes de se perdre dans la féodalité où elles couraient d'elles-mêmes. Mais ce résultat fut en effet tout moral.

Son plus grand ouvrage fut de souder ensemble les royaumes encore imparfaitement unis de notre vieille Angleterre, pour en former un seul corps indivisible, un corps que, depuis son règne, personne n'a jamais rêvé de détruire. Toutefois cette transformation ne résulta d'aucun acte législatif exprès; elle fut la conséquence insensible de la compression exercée par la conquête étrangère. Guillaume n'eut pas d'autre politique ni d'autre règle. Guillaume fut en réalité un conquérant, un roi par le tranchant de son épée, mais il n'eut jamais qu'un but, déguiser la vérité du fait. Il réclama la couronne au nom d'un droit légal; il la reçut de l'élection solennelle du peuple anglais, et fut consacré dans son pouvoir royal par les mains d'un primat anglais. Il déclara gouverner, non pas d'après son bon vouloir, non pas d'après des lois de son invention, mais suivant celles de son prédécesseur et parent, le roi Édouard. Le grand changement qui s'opéra sous son règne ne fut pas un changement législatif formel; ce fut la révolution silencieuse impliquée dans la translation — translation prudente et graduelle — de toutes les plus grandes propriétés et des plus hautes charges aux mains de tenanciers étrangers. L'effet momentané fut de rendre les Anglais, sur leur propre sol, sujets des conquérants étrangers. L'effet durable fut de transformer ces conquérants étrangers en Anglais, et de

donner à l'esprit de liberté en Angleterre une forme
plus définie et plus marquée que jamais jusque-là.

Quelle était la position réelle d'un tenancier d'origine normande, une génération ou deux en deçà de
la conquête ? Il tenait les terres anglaises d'après la
loi anglaise ; en tout le reste, sauf un rang plus élevé,
il vivait sur le même pied que les autres tenanciers
d'origine anglaise ; il était né lui-même sur le sol
anglais, souvent d'une mère anglaise ; il était invité
de mille manières à apprendre les lois de l'Angleterre, à y obéir, à les appliquer. Un homme, dans
ces conditions, devenait, bientôt pour les sentiments, et avant longtemps pour le langage même,
aussi bon Anglais que s'il fût descendu en droite
ligne d'Hengest ou de Cerdic. Rien n'empêchait
un seul des conquérants de mêler entièrement sa
destinée à celle de son nouveau pays et du peuple qui l'habitait. Sa langue était française, mais
en réalité il ressemblait bien plus à un Anglais
qu'à un Français. Ce n'était qu'un proche parent
légèrement déguisé. Le Normand était un Danois
qui, dans son séjour en Gaule, avait pris un léger
vernis français, et qui venait en Angleterre pour
s'en débarrasser. Le sang des vrais Normands,
dans les vrais cantons normands de Bayeux et
de Coutances, diffère très-peu du sang des habitants du Nord et de l'Est de l'Angleterre. Voyez un
soldat français et un fermier normand côte à côte,

et vous sentez tout de suite que le Normand n'est qu'un parent depuis longtemps séparé des siens. L'impression générale qu'il produit est celle d'un homme du Yorkshire ou du Lincolnshire qui aurait ramassé çà et là quelques mauvaises bribes de français. De tels hommes devinrent facilement Anglais. Nous avons sur ce point le témoignage précis des écrivains contemporains, et tous les renseignements accidentels le confirment : dans toutes les classes, entre la plus élevée et la plus basse, depuis le noble du plus haut rang jusqu'au vilain, la distinction de Normand et d'Anglais avait été oubliée dans l'espace d'un peu moins de cent ans après l'époque où le roi Guillaume entrait en Angleterre (*a*). A ce moment intervinrent d'autres causes pour rapprocher et unir de plus en plus tous les enfants du sol. Une nouvelle dynastie occupa le trône, dynastie qui prétendit être, par les femmes, à la fois normande et anglaise, mais qui, par l'origine et les sentiments, n'était ni anglaise ni normande (7). Henri II, comte d'Anjou par son père, duc d'Aquitaine par sa femme, hérita aussi des droits de sa mère sur la Normandie et l'Angleterre ; mais, sous

---

(*a*) La haine des vaincus pour leurs conquérants fut certainement bien plus durable et plus profonde. Les Normands de Rollon étaient, de longue date, devenus de vrais Français, et leur langue, parlée en Angleterre par les classes supérieures jusqu'au xive siècle, resta même employée dans les actes publics et les rôles du parlement jusqu'au commencement du xve.

son règne, la Normandie et l'Angleterre ne furent également que des parties d'un vaste empire qui s'étendait des Orcades aux Pyrénées. Sous la domination puissante et, dans son ensemble, équitable du grand Henri, le pire côté de cet état de choses ne se manifesta pas (8). Sous ses fils et sous son petit-fils, l'Angleterre sentit dans toute son étendue l'amertume et les bienfaits de la conquête. Le pays fut envahi par des hommes absolument étrangers ; ceux de la vieille souche anglaise, comme les descendants des premiers colons normands, virent également les natifs d'autres pays prendre place au-dessus d'eux tous. Postes de confiance, honneurs, richesses, tout fut distribué à ces nouveaux favoris, et l'homme du pays fut exposé à un fléau plus accablant encore, la violence et l'insolence de mercenaires étrangers.

Sous le roi Jean, la Normandie fut perdue (9), et l'Angleterre redevint la possession principale du roi d'Angleterre. Mais ni Jean ni Henri ne comprirent la leçon. Les vices personnels du père, les vertus personnelles du fils contribuèrent au même résultat, en tant que leur royaume y était intéressé. Le roi dont la perversité passa en proverbe, qui s'entoura des scélérats de son espèce de toutes les nations, et le roi dont le plus grand tort fut qu'il ne put jamais dire non à sa femme ou à sa mère, aidèrent, aussi bien l'un que l'autre, à exciter l'esprit de résistance, à rapprocher davantage tous les Anglais, de quelque origine qu'ils fussent, et par suite à terminer la grande tâche de donner à l'Angleterre une constitution libre et durable. Envers de tels rois, nous pouvons bien être reconnaissants, mais nous ne sommes tenus à aucun remercîment. Nous ne commençons à ressentir de reconnaissance personnelle pour quelqu'un de nos derniers princes que lorsque parut un roi qui joignit l'habileté politique d'Henri II aux vertus personnelles d'Henri III, et y ajouta un sentiment de patriotisme anglais, un sens prédominant du droit dans les affaires publiques, dont ni l'un ni l'autre Henri n'eut jamais dans son sein la plus faible étincelle. Édouard Ier, le premier de nos derniers rois qui porta un nom et un cœur anglais, est aussi le premier qui inspire quelques sentiments de personnelle reconnaissance. En lui nous voyons le premier de nos rois de sang étranger qui fit quelque chose pour le progrès de nos droits constitutionnels autrement qu'en excitant l'esprit d'opposition à son gouvernement.

Ce fut ainsi que le mauvais gouvernement de nos rois angevins fit naître parmi tous les hommes du pays un universel esprit de révolte contre la domination des étrangers dans le royaume. Mais ces rois éveillèrent l'esprit de révolte d'une autre manière encore, d'une manière à peine moins importante, par leur vil assujettissement à un pouvoir étranger dans les matières ecclésiastiques. Je ne m'occupe pas ici des dogmes théologiques, de leur vérité ou de leur fausseté ; mais la question ecclésiastique est un côté très-important de l'histoire de la nation à cette époque. Au temps de la vieille Angleterre, il ne peut y avoir aucun doute quant à l'existence d'une suprématie effective dans les matières ecclésiastiques exercée par la couronne. Le roi était le chef suprême de l'Église, parce qu'il était le chef suprême de la nation. L'Église et la nation étaient absolument confondues ; le roi et son Grand-Conseil décidaient dans les questions ecclésiastiques, et disposaient des offices de l'Église du même droit qu'ils intervenaient dans le temporel pour y traiter les unes et y distribuer les autres. L'évêque et l'alderman, désignés chacun par la même autorité, présidaient conjointement l'assemblée du comité, et l'assemblée qu'ils présidaient s'occupait également en toute liberté des causes ecclésiastiques et civiles.

L'un des changements formels qui s'introduisirent en petit nombre dans notre législation à l'époque du Conquérant fut la séparation des deux juridictions de l'évêque et de l'alderman. L'une des lois existantes de Guillaume prescrivait l'établissement, sur le modèle de celles du continent, de cours distinctes pour le jugement des causes ecclésiastiques. Mais ce qui eut bien plus d'importance que ce changement légal, ce fut le résultat matériel de là conquête, et l'union plus étroite dont elle fut l'origine entre l'Angleterre et le siége de Rome. L'entreprise du Conquérant fut approuvée par Hildebrand, et bénie par le pape au nom duquel Hildebrand gouvernait déjà. Tant que vécut Guillaume, la suprématie royale demeura intacte, et, eu égard à sa position dans un pays conquis, on peut sincèrement reconnaître qu'il n'en abusa pas. Mais dans des mains moins nobles, l'ancien pouvoir de la couronne, en tant que celle-ci représentait la nation, fut souvent mal employé et souvent contesté. Il s'éleva, à propos des limites entre les deux pouvoirs ecclésiastique et civil, de ces querelles dont on n'avait jamais entendu parler dans les anciens temps. Cependant il faut nous souvenir que des prétentions qui nous semblent absolument monstrueuses aujourd'hui étaient loin de paraître telles dans un état de choses si complétement différent de celui de notre époque. Il n'est pas jusqu'à la prétention du clergé d'être exempté de la juridiction civile dans les cas de crime qui n'eût alors un tout autre aspect qu'aujourd'hui. Le privilége ainsi réclamé ne se bornait nullement au corps sacerdotal ; il s'étendait pour une large part à ceux qui, dans le peuple, étaient le moins capables de se défendre (10). Or, quand on pense aux horribles châtiments, la mort et des mutilations pires que la mort, que les tribunaux

de nos rois angevins infligeaient libéralement pour
de très-légères offenses, on comprend que le peuple
regardât d'un œil d'envie les cours des évêques, où
les plus graves pénalités étaient l'emprisonnement
et le fouet (a).

Dans les querelles entre la couronne et l'Église,
depuis Guillaume le Roux jusqu'à Henri II, on
trouve toujours la sympathie populaire se ran-
geant du côté de l'Église. Et il n'y a pas lieu de s'en
étonner, lorsque, parmi les constitutions de Clarendon que le roi Henri s'efforçait de maintenir et
auxquelles s'opposait l'archevêque Thomas, on en
trouve une qui interdisait l'ordination des vilains
sans le consentement de leurs seigneurs. En d'autres
termes, c'était fermer à la classe inférieure le seul
chemin par où elle eût quelque espoir de s'élever
aux situations qui donnent la considération et l'autorité (11).

Mais à partir du règne de Jean, nous trouvons un
nouvel état de choses. Un pouvoir étranger entre
en scène, pouvoir qui ne s'était encore mêlé que
très-peu aux affaires strictement intérieures de
l'Angleterre et qui, si tant est qu'il s'en fût mêlé du
tout, avait en somme défendu l'intérêt populaire.

(a) L'indépendance du clergé était évidemment, dans la
rudesse de ces siècles, une garantie de justice et d'humanité.
A toute époque, le principe de liberté s'oppose à la confusion
du pouvoir religieux et du pouvoir civil : ni la conscience ne
relève de l'État, ni la société politique du dogme.

Dans les derniers temps du roi Jean, et durant tout le règne d'Henri III, on voit le pape et le roi étroitement alliés contre l'Eglise et la nation anglaises. La dernière fois qu'un pape fit du bien à l'Angleterre, ce fut lorsqu'Innocent III nous envoya Étienne Langton (12). Toujours, dans la suite, nous trouvons le pape et le roi ligués ensemble pour se soutenir mutuellement dans leur tyrannie et leurs exactions. Le pouvoir papal a toujours été prêt à venir au secours de la couronne, toujours prêt à lancer les censures ecclésiastiques contre les champions de la liberté anglaise. La Grande Charte fut dénoncée à Rome ; c'est que son auteur était le primat patriote. Le comte Simon mourut excommunié; mais, dans la croyance des Anglais, les excommunications de Rome ne pouvaient pas empêcher un comte anglais d'opérer des miracles et des prodiges innombrables (13) : — argument qui prouve assez clairement, il semble, que l'évêque de Rome n'a aucune juridiction dans ce royaume d'Angleterre.

Contre cette alliance du roi et du pape, la nation se ligua tout entière ; clercs et laïques, nobles et vilains, hommes de souche normande et d'antique origine anglaise, tous s'unirent pour s'opposer également et aux favoris étrangers du roi et aux agressions de Rome. Les historiens de cette époque, tous hommes d'église, moines pour la plupart, sont unanimes en faveur du peuple. Des prélats

comme le primat Étienne, comme Robert Grosse-
tête de Lincoln et Walter de Cantelupe de Wor-
cester, furent les plus résolus en faveur de la bonne
cause ; les deux derniers comptèrent parmi les plus
intimes amis et conseillers du comte patriote. On
peut voir comment les anciennes divisions et les
vieilles inimitiés furent effacées, comment tous les
enfants du sol se confondirent dans une commune
amitié, en lisant la lettre où sont dénoncés les abus
de la cour de Rome, et qui fut envoyée à cette
cour au nom d'un corps qui n'embrassait rien moins
que toute la noblesse, le clergé et les communes
du royaume d'Angleterre. Dans cette lettre, document d'un franc parler vraiment anglais conservé
par un historien qui l'a très-bien apprécié, les ré-
dacteurs exposent que, comme les nobles, le clergé
et les communes au nom de qui elle est écrite, ne
possèdent pas de sceau commun, ils ont emprunté,
pour la signer, le sceau de la cité de Londres (14).

Ce dernier fait me ramène à l'objet dont je m'oc-
cupais beaucoup plus haut et que j'ai l'air peut-être
d'avoir oublié, mais qu'en réalité je n'ai cessé d'a-
voir sous les yeux, je veux dire les réformes spécialement constitutionnelles que nous devons au comte
Simon de Montfort. Le fait qu'un acte qui dé-
clarait parler au nom de toutes les classes de la
nation entière ne pouvait être convenablement
scellé que du sceau de la cité de Londres, indique

assez la place que tenait cette cité dans l'opinion politique du temps. Mais Londres n'occupait cette position qu'en sa qualité de membre principal d'une classe en progrès, et comme la plus avancée parmi les cités et bourgs de l'Angleterre. La grande œuvre du comte Simon fut de donner à ces cités et à ces bourgs leur place distincte parmi les éléments du corps politique. Suivons les étapes par lesquelles passa l'accomplissement de ce grand ouvrage.

Lorsqu'on arrive au treizième siècle, on constate que la vieille constitution teutonique est entièrement disparue. On peut, il est vrai, en découvrir encore quelques faibles traces çà et là dans le cours du douzième siècle, comme lorsque les deux partis, dans les guerres d'Étienne et de Mathilde, reconnurent le droit des citoyens de Londres à donner leur voix pour disposer de la couronne (15). Mais le grand conseil régulier, le représentant en droite ligne de l'antique *Mycel Gémot* ou *Witenagemot*, s'était réduit à un corps assez semblable à notre Chambre des lords. La constitution de ce corps, comme je l'ai déjà donné à entendre, était bien plus flottante, bien moins strictement héréditaire que celle du même corps aujourd'hui, mais elle était presque aussi loin d'être en aucun sens une représentation du peuple. La Grande Charte assure les droits de la nation et de l'assemblée nationale, en tant qu'elles eurent à résister à l'arbitraire dans la législation et dans l'impôt exigé par la couronne. Mais elle ne fait aucun changement dans la constitution de l'assemblée elle-même. Les grands barons devaient être convoqués personnellement; les francs-tenanciers inférieurs, les représentants des *Landsittende menn* du Domesday, par une convocation générale. La Grande Charte en un mot est un bill des droits, et non pas ce qu'en langage moderne on entend par un bill de réforme.

Mais pendant les règnes de Jean et d'Henri III, un élément populaire ne tarda pas à pénétrer dans les conseils nationaux d'une manière plus pratique. Le droit des simples hommes libres d'y assister en personne avait été longtemps un simulacre ; celui des simples francs-tenanciers devenait à peine plus praticable ; il commence maintenant à se transformer en un autre droit plus facile à exercer à cette époque, celui de choisir des représentants pour agir au nom du représenté. Comme toujours en Angleterre, ce droit s'est développé par degrés, et a été comme le résultat de ce que nous pourrions presque appeler une série d'heureux accidents. Nous trouvons à la fois sous le règne de Jean et dans la première partie du règne d'Henri plusieurs exemples de chevaliers convoqués dans chaque comté (16). Nous avons là l'origine de nos représentants de comtés, et du titre qu'ils portent encore de chevaliers de comtés.

Tel est le premier pas qui fut fait dans la représentation populaire, en tant que distincte de la réunion de tous les citoyens en personne ; mais il ne faut pas croire pour cela que ceux qui convoquèrent les premiers ces chevaliers eussent quelque idée consciente de la représentation populaire. Leur premier objet fut probablement un avantage fiscal ; c'était un moyen sûr et commode de battre monnaie. L'idée de convoquer un petit nombre d'hommes pour agir aux lieu et place de tous fut sans doute empruntée à la pratique judiciaire, où, dans les procès, dans les enquêtes et les commissions de tout genre, il était d'usage qu'un certain nombre d'hommes jurassent pour tout le comté ou la centurie. Nous ne devons pas perdre de vue, quoique ce soit un sujet sur lequel je n'ai pas le temps d'insister ici, que nos institutions judiciaires et nos institutions parlementaires sont étroitement unies, que les unes et les autres sortirent de nos premières assemblées, que des choses qui maintenant semblent aussi différentes entre elles que nos jurys populaires et les pouvoirs judiciaires de la Chambre des lords, sont en réalité également toutes deux des fractions de ces pouvoirs judiciaires dont parle Tacite comme appartenant à ces primitives assemblées. Ce n'est que pas à pas que les fonctions de juge, de juré, de témoin et de législateur devinrent des fonctions tout à fait séparées, comme elles le sont aujourd'hui.

Ainsi nous trouvons les origines de la Chambre des communes, comme nous pouvions nous y attendre, dans cette partie de ses membres qui, pour le plus grand nombre, ont le plus de rapports communs avec l'assemblée déjà établie, la Chambre des lords. C'est ainsi que le développement de la constitution s'était opéré à sa manière habituelle, incidemment. Chaque pas en avant, si petit qu'il était, fut indubitablement l'œuvre du discernement d'un individu isolé, même lorsque ses vues auraient bien pu ne pas s'étendre au delà de quelque avantage momentané à atteindre. Mais voici que nous arrivons à ce grand changement, à cette grande mesure de la réforme parlementaire, qui n'a laissé à faire aux réformateurs suivants que des améliorations de détail. Nous arrivons à ce grand acte du comte patriote qui a fait de notre Chambre populaire réellement une Chambre populaire.

Une Chambre de chevaliers, de membres du comté eût été comparativement un corps aristocratique; elle aurait laissé en dehors l'un des éléments de la nation le plus sain et le plus vigoureux, par conséquent le plus capable de progrès. Lorsqu'après la bataille de Lewes, le comte Simon,

alors maître du royaume avec le roi sous sa sauve-
garde, convoqua son fameux Parlement, il y appela non-seulement deux chevaliers de chaque
comté, mais aussi deux citoyens de chaque cité et
deux bourgeois de chaque bourg. Le comte avait
compris de longue date l'importance et la valeur
de l'élément civil qui grandissait dans la société
politique de son temps. Lorsqu'à une époque moins
avancée de sa carrière, il fut chargé du gouvernement de la Gascogne, il dut répondre, à son
retour en Angleterre, à des accusations portées
contre lui par l'archevêque de Bordeaux et par les
nobles de la province. Le comte se défendit en
produisant un écrit qui lui rendait le meilleur témoignage, signé du sceau public de la cité de Bordeaux. Comme il était arrivé en Gascogne, ainsi
arriva-t-il en Angleterre. Le comte fut toujours un
réformateur, un homme qui s'appliqua à corriger
les torts pratiques, à combattre les favoris du roi,
à mettre un frein à l'oppression du pape et du roi.
Mais ses premiers pas dans la voie de la réforme
furent faits entièrement sur le terrain aristocratique. Il essaya d'abord de redresser les griefs de la
nation par le seul secours de ses égaux de la noblesse. Il ne tarda pas à s'apercevoir qu'aucune véritable réforme ne pouvait s'exécuter sur une base si
étroite, et peu à peu il admit à sa confiance, d'a-
bord les chevaliers des comtés, puis enfin cette

classe dont le bon vouloir lui avait été si utile dans son ancien procès, les citoyens et les bourgeois. Durant tout le cours de la lutte, ceux-ci se rangèrent résolûment à ses côtés ; Londres fut aussi fidèle à sa cause que l'avait été Bordeaux, et ses citoyens combattirent, souffrirent et triomphèrent avec lui dans la glorieuse journée de Lewes. Par une innovation aussi heureuse que hardie, il invita une classe qui avait tant fait pour lui et pour la cause commune à venir prendre sa place dans les conseils de la nation. Ce fut au parlement du comte Simon, en 1265, que les éléments encore subsistants de la Chambre populaire, les chevaliers, les citoyens et les bourgeois, parurent pour la première fois côte à côte. Ainsi fut formé ce nouvel état du royaume, qui s'était récemment développé et qui était destiné à devenir peu à peu, en grandissant, le plus puissant de tous, la Chambre des communes du Parlement.

Tel est le présent que reçut l'Angleterre de son plus noble champion et de son plus grand martyr. Et il ne faudrait pas nous offenser de ce que ce champion et ce martyr a été d'origine étrangère. Nous nous enorgueillissons d'avoir mené en captifs nos propres conquérants (a), et de les avoir transformés en enfants du sol aussi fidèles que nous-

(a) On pense malgré soi au fameux *Græcia capta ferum victorem cepit.*

mêmes. Ce que nous avons fait des conquérants, nous l'avons fait aussi des colons pacifiques. Dans les temps qui suivirent, nous accueillîmes avec empressement toute victime de la tyrannie et de la persécution, le Flamand, le Huguenot, le Palatin. Et ceux que nous accueillîmes ainsi, nous les avons adoptés, nous nous les sommes assimilés ; nous avons fortifié notre vitalité anglaise de tout ce qui avait le plus de prix chez les peuples étrangers. Aussi pouvons-nous honorer, à côté des hommes qui naquirent sur le sol anglais, ceux-là aussi qui, venus d'autres pays, firent pour l'Angleterre ce que des fils feraient pour leur mère. Le Danois Canut prend place à côté des plus illustres de nos rois indigènes ; Anselme d'Aoste marche au niveau des plus honorables de nos prélats nationaux. C'est ainsi qu'auprès des plus célèbres de nos comtes nationaux, nous mettons le nom glorieux de Simon de Montfort (a). Étranger qu'il était, mais étranger venu sur nos rivages pour entrer en possession de terres et d'honneurs qui lui appartenaient par légitime héritage, il devint notre chef contre des étrangers d'une autre sorte, contre les aventuriers qui se pressaient à la cour d'un roi ennemi de son

______

(a) Il n'en est pas moins vrai que c'est à un homme de sang welche — pour employer le terme un peu dédaigneux de l'honorable écrivain — que la teutonique Angleterre est ainsi redevable du dernier et plus glorieux progrès de ses anciennes libertés.

propre peuple. Premier seigneur d'Angleterre, beau-
frère du roi, il mêla sa destinée, non pas à celle du
prince ou des nobles, mais à celle du peuple tout entier. Il fut respecté pendant sa vie comme le chef élu
de l'Angleterre, et vénéré après sa mort comme le
martyr de sa cause. Dans ces temps, la religion animait tous les sentiments ; le patriote qui se levait
pour le droit et la liberté était honoré à l'égal de
celui qui souffrait pour sa foi. Nous peuplons nos
rues et les places de nos marchés des statues des
grands citoyens de notre temps ; Peel, Herbert,
Lewis, Cobden vivent encore au milieu de nous,
immortalisés par le bronze ou le marbre. A cette
autre époque, l'honneur rendu à l'homme d'État ne
se distinguait pas bien de la vénération accordée au
saint ; Waltheof, Simon, Thomas de Lancastre furent salués comme les patrons canonisés de l'Angleterre, et des prodiges furent, dit-on, opérés par
leurs reliques ou sur leurs tombes. Les poëtes de
trois langues chantèrent à l'envi les louanges de
l'homme qui combattit et souffrit pour le droit, et
Simon, le gardien de l'Angleterre sur le champ de
bataille et dans le Sénat, passa pour être encore son
plus fidèle protecteur dans les demeures célestes,
d'où nos pères étaient convaincus que la malédiction
de Rome n'avait pas le pouvoir de le bannir (17).

La grande œuvre du comte martyr eut une étrange
destinée. Sa carrière personnelle fut interrompue

brusquement ; son œuvre politique fut portée à sa perfection par un rival et parent qui ne le cède qu'à lui pour la gloire qu'il mérite. Sur le champ de bataille d'Evesham, Simon périt, Édouard triompha. Mais ce fut sur les épaules d'Édouard que tomba le manteau de Simon ; ce fut à son meurtrier qu'il transmit le flambeau échappé de sa main mourante (a). Un moment, son œuvre parut avoir péri avec lui ; pendant quelques années, les parlements furent encore réunis sans reproduire le modèle de la grande assemblée qui avait répondu aux *writs* du roi Henri prisonnier. Mais le modèle en vivait toujours dans les cœurs, et bientôt la sagesse du grand Édouard comprit que le présent que son oncle avait fait au peuple ne pouvait lui être plus longtemps retiré. Des parlements, sur le modèle de celui de Simon de Montfort, furent assemblés successivement sans interruption depuis le règne d'Édouard jusqu'à nos jours (18). A côté du nom de Simon de Montfort, nous pouvons donc placer avec honneur le nom d'Édouard lui-même et ceux des vaillants hommes qui lui firent une sage et utile résistance. C'est à Roger Bigod de Norfolk et Humphrey Bohun de Hereford que nous sommes rede-

(a) On a pu remarquer déjà que l'auteur, en véritable écrivain anglais nourri de ses classiques, jette çà et là, comme une éclaircie, un trait emprunté à leurs plus belles pages. On reconnaît ici Lucrèce :

Et, quasi cursores, vitaï lampada tradunt.

vables du couronnement de l'œuvre. Le parlement d'Angleterre était dès lors parvenu à la plénitude de sa perfection, et le plus humble, mais non le moins important de ses pouvoirs, lui était maintenant pleinement reconnu. Le roi d'Angleterre ne pouvait prendre aux mains des Anglais ni taxes ni présents que ceux que les lords et les communes d'Angleterre lui avaient accordés de leur plein gré.

Ainsi nous pouvons dire qu'au temps d'Édouard I, la constitution anglaise reçut définitivement la forme essentielle qu'elle a toujours conservée depuis. Le germe de ces trois institutions, le roi, les lords, les communes, avait été apporté avec nous de notre plus ancienne patrie, huit cents ans auparavant. Mais, à partir du règne d'Edouard, nous trouvons le roi, les lords et les communes elles-mêmes, presque dans la même forme extérieure, presque avec le même pouvoir strictement légal qu'aujourd'hui encore. Tous les grands principes de la liberté anglaise étaient déjà solidement établis.

Il y a sans doute une grande différence entre la condition politique de l'Angleterre sous Édouard Ier et celle que nous lui voyons aujourd'hui. Toutefois la différence consiste plutôt dans l'application pratique de la constitution que dans sa forme extérieure. Les changements ont été nombreux ; une grande partie de ces changements n'ont pas été néanmoins des modifications expressément formulées, mais bien plutôt de ces transformations sourdes dont le travail insensible a fini par nous donner une constitution toute de convention, existant à côté de notre législation écrite. Certains de ces changements ont été de simples améliorations de détail ; d'autres, des décisions prises pour déclarer plus clairement ou garantir plus pleinement dans la pratique des droits dont l'existence n'était pas déniée. Mais, généralement parlant, et tenant compte de cette partie importante de sous-entendus conventionnels qui n'ont jamais revêtu la forme de décisions écrites, les éléments essentiels de la Constitution anglaise sont tels aujourd'hui qu'ils furent fixés alors. Depuis cette époque, l'histoire constitutionnelle de l'Angleterre n'est pas purement une enquête, si intéressante et si instructive qu'elle soit, sur des institutions qui auraient disparu ; c'est l'étude de quelque chose qui vit encore ; c'est l'examen de lois qui, toutes les fois qu'elles n'ont pas été formellement rapportées, sont en pleine vigueur aujourd'hui même. Jusqu'au règne d'Édouard Ier, l'histoire d'Angleterre est à la rigueur le domaine des antiquaires ; à partir de ce règne, elle devient le domaine des légistes.

Nous trouvons donc — et l'on comprendra avec quelles restrictions je le dis — la constitution anglaise arrivée à son complet développement vers la fin du treizième siècle, et nous constatons qu'elle est, dans la forme qu'elle prit alors, l'œuvre du comte Simon de Montfort et du roi Édouard Ier. Maintenant, il y a plusieurs points sur lesquels la forme que prit ainsi finalement notre constitution différa de la forme que reçurent la plupart des constitutions de la même famille sur le continent. La forme usuelle adoptée par toute assemblée nationale ou provinciale au moyen âge fut celle d'une assemblée des *états*. Autrement dit, cette assemblée se composait des représentants de toutes les classes de la nation en possession de droits politiques. Or, dans la plupart des contrées, ces classes étaient au nombre de trois, les nobles, le clergé et les communes. Les noms des trois états, c'est-à-dire les nobles, le clergé, les communes, sont également bien connus en Angleterre, quoique le sens de ces trois noms ne diffère pas peu chez nous du sens qu'on y attache partout ailleurs.

En Angleterre, nous n'avons jamais eu, si ce n'est aux temps reculés des *eorlas*, une noblesse comme on l'entend par ce mot dans les autres pays. Partout ailleurs, les nobles formaient une classe distincte, une classe à laquelle il n'était peut-être pas absolument impossible de s'élever, lorsqu'on était placé au-dessous, mais au-dessous de laquelle du moins il était absolument impossible de descendre, lorsqu'on en faisait partie. Quels que pussent être les priviléges du noble, ces priviléges s'étendaient à tous ses enfants et aux enfants de ses enfants, à toujours et jamais. Dans quelques pays, ses titres se transmettent de cette manière à tous ses descendants; tous les enfants d'un duc, par exemple, sont ducs et duchesses. En France et dans la plupart des autres contrées où existait le système des états, l'état de la noblesse à l'assemblée nationale était, sous une forme ou sous une autre, la représentation de la classe entière des nobles considérée comme un corps distinct. Combien ceci diffère de notre Chambre des lords, je n'ai pas besoin de le faire remarquer. A la rigueur, je le répète, nous n'avons pas de noblesse. Les siéges de notre Chambre haute passent par héritage et non par une élection ou une nomination quelconque; mais aucun privilége politique n'appartient de droit aux enfants de ceux qui tiennent ces siéges. Et même le fils aîné du pair, le futur titulaire de la pairie, est un simple citoyen aussi longtemps que vit son père. Tous les titres qu'il porte sont de pure courtoisie et n'entraînent avec eux aucun privilége politique à l'exclusion des autres simples citoyens. Nous pouvons monter plus haut encore. Si les enfants du pair ne jouissent d'aucun droit spécial, les plus jeunes enfants du roi lui-même n'en ont pas davantage. L'épouse du roi, son fils aîné, sa fille aînée, la femme de son fils aîné ont tous des priviléges particuliers, que leur attribue la loi. Ses

autres enfants sont de simples citoyens, à moins
que leur père ne juge bon de les élever, comme il
peut faire de tout autre sujet, au rang de pair (19).

Il n'y a peut-être pas dans toute notre constitution de disposition plus importante et plus avantageuse que celle-ci, qui rattache toutes les classes
les unes aux autres et n'a pas permis que nous
souffrions à aucune époque sous la domination
maudite d'une caste de nobles. Toutefois, cette
distinction profonde entre notre constitution et
celles de la plupart des autres pays est purement
de tradition. On ne peut pas dire qu'elle ait été
établie par aucun individu ni par aucune assemblée. Mais il est aisé de voir que, comme, en Angleterre, nos assemblées nationales ne cessèrent
jamais d'exister sous une forme ou sous une autre,
comme le droit de tous les hommes libres d'y assister en personne ne fut jamais expressément aboli,
comme le roi conserva celui d'y appeler spécialement qui lui plairait, toutes ces circonstances
aidèrent à empêcher l'accroissement d'une classe
exclusive de nobles. Ce sentiment aristocratique, l'orgueil de la naissance, a sans doute été bien fort de
tout temps. Mais ce n'a été qu'un pur sentiment, ne
s'appuyant sur aucune raison légale. La couronne
pouvait toujours anoblir quelqu'un ; mais la noblesse ainsi accordée n'appartenait qu'à un membre
de la famille à la fois, au possesseur actuel de la

pairie. Tous les rangs ont pu à toutes les époques librement s'allier par mariages ; toutes les charges ont été accessibles à tous les hommes libres ; et l'Angleterre, à la différence de l'Allemagne, n'a jamais vu de fondations ecclésiastiques dont les membres fussent obligés de sortir de souche noble.

La position du second état ou ordre, le clergé, fut aussi très-différente en Angleterre de ce qu'elle était dans les autres pays. En effet, la situation politique du clergé a toujours été, depuis Édouard Ier, quelque chose d'entièrement anormal et inconsistant. Ailleurs, les représentants du clergé, tout comme ceux de la noblesse, formèrent un ordre distinct dans l'assemblée. En Angleterre, les grands prélats avaient des siéges à la Chambre des lords, où les évêques les gardent encore. Mais alors existait déjà ce corps anormal, appelé Convocation, dont le caractère a toujours flotté entre le synode ecclésiastique et la cour parlementaire du royaume. Les membres du clergé sont encore convoqués avec chaque Parlement, et ils ont conservé une fonction parlementaire distincte jusqu'au règne de Charles II, où elle leur fut enlevée sans aucun acte législatif formel. Ce fut un de nos grands principes constitutionnels établis au temps du roi Édouard qu'aucun impôt ne pourrait être consenti au roi que par ceux qui devaient le payer. Mais pendant longtemps les lords et les communes se taxèrent séparément, et le clergé se taxait aussi dans ses convocations. Jusqu'à ce que ce pouvoir fût résigné, un bénéfice ecclésiastique ne donna pas le droit de voter pour l'élection des membres de la Chambre des communes (20).

Les communes aussi portent elles-mêmes un nom qui eut en Angleterre un sens bien différent de celui qu'on lui donna ailleurs. L'usage par lequel les chevaliers du comté, les citoyens et les bourgeois furent réunis dans une seule chambre, quelle qu'en soit l'origine, qu'il ait été d'abord le résultat d'un dessein prémédité ou d'un heureux accident, a été un usage non moins avantageux, non moins nécessaire au plein développement de notre constitution, que celui qui établit que les enfants des pairs du royaume seraient des roturiers. Dans la plupart des autres contrées, les hommes qui étaient envoyés comme représentants des comtés, les chevaliers de comté, auraient été membres de l'ordre de la noblesse. En France, les mots *noble homme* et *gentilhomme* avaient le même sens, celui de membre d'une caste aristocratique. Ceux du commun, le tiers, se composaient de citoyens des villes privilégiées seulement. Mais, en Angleterre, la classe moyenne n'était pas restreinte aux villes ; elle était répandue, sous la forme d'une noblesse inférieure (*gentry*), et d'un riche corps de propriétaires ruraux (*yeomanry*), sur toute la surface du territoire. Cette

classe de petits possesseurs du sol fut pendant longtemps la force du pays, et les plus heureux résultats furent produits par la réunion de leurs représentants dans une seule chambre avec ceux des cités et du bourg. Chaque classe trouvait un appui
dans son alliance avec l'autre, et celle des citoyens
gagnait, par son union sur le pied de l'égalité avec
la petite noblesse rurale, une considération qui lui
aurait toujours manqué autrement. En un mot,
l'union de l'une et de l'autre, l'union de toutes les
classes des hommes libres, excepté le clergé et les
membres en charge de la pairie, de toutes les classes, depuis le fils aîné du pair jusqu'au plus petit
possesseur de franc-fief ou bourgeois, cette union
fit de la Chambre des communes une véritable représentation de la nation entière, au lieu qu'elle ne
représentât qu'un seul ordre.

Remarquez encore que la forme de gouvernement que les écrivains politiques appellent *bi-camé-
rale*, c'est-à-dire où l'assemblée législative se compose de deux *Chambres* ou *Houses*, sortit d'une des
particularités de l'histoire d'Angleterre. Les mérites
de cette forme de gouvernement sont maintenant
librement livrés à la discussion; mais il est admis
des deux côtés que le seul choix à faire est entre deux
Chambres ou une seule : personne ne propose d'en
avoir trois ou quatre (21). Cependant le plus grand
nombre des assemblées d'états sur le continent se

composaient, comme nous l'avons vu, de trois chambres ; en Suède, où les paysans, les petits propriétaires ruraux, avaient assez d'importance pour être séparément représentés de pair avec la noblesse, le clergé et les citoyens, il y en eut quatre, jusque dans les derniers temps. Le nombre de deux devint celui de nos Chambres du Parlement, non par suite de quelque conviction des avantages de ce nombre, mais parce qu'il se trouva impossible d'obtenir du clergé qu'il agît habituellement en Angleterre comme il faisait partout ailleurs, en membre régulier du corps parlementaire. Il recula devant le fardeau, ou se persuada que la législation séculière était incompatible avec sa profession. De la sorte, au lieu du clergé, formant comme en France un ordre distinct dans le corps législatif, nous eûmes un Parlement de deux Chambres, les lords et les communes, accompagné d'une espèce d'ombre de Parlement ecclésiastique sous la forme des deux Chambres de la Convocation. Ainsi, pour tous les projets pratiques, il y eut seulement deux ordres dans le Parlement anglais, les lords et les communes. Ainsi, l'expression *les trois ordres*, qui avait un sens en France, perdit toute signification en Angleterre.

Pendant des siècles en arrière, il n'y a pas eu d'ordre séparé formé par le clergé ; quelques-uns de ses membres les plus élevés appartinrent à l'ordre de la noblesse, et le reste se rattachait au tiers. De là est née une idée fausse, quoique très-généralement répandue, mais qui s'explique, une conception erronée qui remonte à l'époque du Long Parlement, au sujet du sens de cette expression, les trois ordres ou états. On emploie constamment ces mots comme s'ils voulaient dire les trois éléments dont se compose le pouvoir législatif, le roi, les lords, les communes. Mais on entend le mot *état* d'une classe, d'un ordre ou d'un rang, comme les lords, le clergé, les communes. Le roi n'est pas un état, parce qu'il n'y a pas une classe ou un ordre composé de rois, le roi étant une personne seule et existant par lui-même. Pour parler exactement, il faut dire le roi et les trois états du royaume. Mais en Angleterre, comme je l'ai déjà fait voir, cette phrase n'a pas ce sens, puisque nous n'avons en réalité que deux états seulement.

Nous eûmes ainsi en Angleterre, non pas un état de la noblesse formant une classe distincte du peuple, mais une Chambre haute de lords héréditaires ou pourvus d'une charge, dont les priviléges étaient purement personnels, et dont les enfants n'avaient aucune prérogative politique qui les élevât au-dessus des autres citoyens. Nos évêques et quelques dignitaires ecclésiastiques occupèrent des siéges dans la Chambre haute, mais il n'y eut pas un état du clergé, ayant une existence distincte et sa voix à part dans la législature. Notre Chambre

basse, basse de nom, mais destinée à devenir graduellement la plus haute en pouvoir réel, en vint à
représenter, non plus simplement les habitants de
villes privilégiées, mais la nation entière, à la seule
exception des tenants personnels de siéges, ou héréditaires, ou attachés à une charge dans la Chambre
haute. Qu'une telle assemblée dût insensiblement
attirer à elle tous les pouvoirs effectifs de l'État,
c'était dans la nature des choses, mais elle ne le
fit que par degrés.

Peu de choses, dans notre histoire parlementaire,
sont plus remarquables que la manière dont les
deux Chambres ont le plus souvent agi d'accord.
Je ne parle pas des temps tout modernes, mais
de l'époque où les deux chambres étaient réellement des pouvoirs parallèles dans l'État. Durant
les six cents ans que les deux Chambres ont vécu
côte à côte, les querelles sérieuses entre l'une
et l'autre ont été très-rares, et celles qui s'élevèrent roulaient généralement sur des questions de
forme et de privilége intéressant particulièrement
les membres des deux Chambres elles-mêmes, et non
sur des sujets qui eussent grande importance pour
la nation en masse (22). Pendant un temps, les
communes marchèrent à la suite des lords ; puis les
lords en vinrent peu à peu à suivre à leur tour les
communes ; mais les ruptures ouvertes et violentes
entre les Chambres ont été véritablement rares.

Depuis l'époque du comte Simon et jusqu'à nos jours, le pouvoir du Parlement dans son ensemble et le pouvoir spécial de la Chambre des communes sont allés sans cesse grandissant de concert. Les Parlements du quatorzième siècle exerçaient tous les pouvoirs dont notre Parlement use aujourd'hui, en même temps que d'autres dont s'abstiennent les Parlements modernes. Je veux dire que les Parlements de ce temps-là étaient obligés ou de faire directement ou de laisser inexécutées maintes choses que le développement du système politique conventionnel permet à un Parlement moderne de faire indirectement. Les anciens Parlements demandaient le renvoi des ministres du roi ; ils disciplinaient sa maison ; ils déléguaient son autorité ; s'il était nécessaire, ils déployaient leur dernier et plus grand pouvoir, et le relevaient de ses fonctions royales. A cette époque, un changement de gouvernement ou de politique, le renvoi d'un mauvais ministre et le choix d'un meilleur à sa place, ne se faisaient jamais sans une lutte ouverte entre le roi et le Parlement ; souvent ils ne pouvaient se faire sans qu'il en coûtât l'esclavage, l'emprisonnement ou la mort, peut-être seulement au ministre, peut-être aussi au roi lui-même. Le même but est atteint aujourd'hui par un vote de blâme de la Chambre des communes ; en plus d'un cas, même sans vote de censure, par le simple rejet d'une mesure sur laquelle un ministre a déclaré qu'il resterait debout ou tomberait (23).

Le quinzième siècle, si on le compare au treizième et au quatorzième, fut à quelques égards une période de retour en arrière. Il est évident que les Parlements de cette époque furent des corps politiques bien moins indépendants que ceux des siècles précédents. Durant les guerres des Deux-Roses, chacun des vainqueurs militaires trouva à son tour un Parlement tout prêt à appuyer ses prétentions à la couronne et à décréter la condamnation de ses ennemis (24). Ce fut même un Parlement d'Henri VI qui adopta la mesure la plus réactionnaire que jamais Parlement ait votée, celle par laquelle le titre d'électeur de comté fut restreint aux possesseurs de francs-fiefs dont les terres donnaient un revenu annuel de quarante shillings (25). Sur ce point, le temps et la diminution de valeur de l'argent ont redressé le tort ; il peut y avoir des francs-tenanciers dont les terres n'atteignent pas la valeur de quarante shillings ; mais je ne puis croire qu'ils composent aujourd'hui une classe bien considérable ou bien importante. Mais pour comprendre la portée de cette restriction au quinzième siècle, au lieu de quarante shillings, on peut mettre largement quarante livres ; et certainement, si on rayait de la liste des électeurs tous ceux dont le titre est un franc-fief n'atteignant pas la valeur de quarante livres — à plus forte raison ceux qui tirent leur droit d'une condition inférieure à la possession d'un franc-fief — la diminution du corps électoral de nos comtés ne serait pas peu considérable.

D'un autre côté, dans les temps de révolution qui suivirent, nous entendons parler plus d'une fois d'appels directs au peuple qui nous mettent en mémoire des époques bien plus reculées. Édouard IV et Richard III furent élus rois, ou du moins virent reconnaître leurs prétentions à la couronne par des assemblées des citoyens de Londres qui nous reportent aux guerres d'Étienne et de Mathilde (26). Encore même à cette époque, le pouvoir du Parlement grandissait ; l'anxiété avec laquelle chaque prétendant sollicitait une sanction parlementaire à ses réclamations était un signe de l'importance croissante du Parlement, et l'on a des témoignages accidentels qui démontrent qu'un siége à la Chambre des communes, et non pas en qualité de chevalier d'un comté, mais en qualité de bourgeois d'un bourg, était alors un objet d'ambition pour les hommes de la classe où étaient pris les chevaliers de comté, et même pour les fils des membres de la Chambre haute (27).

Enfin arriva le seizième siècle, le temps de l'épreuve pour les institutions parlementaires dans tant de contrées de l'Europe. Nombre d'assemblées qui avaient été aussi libres que notre propre Parlement, furent, dans le courant de ce siècle, ou complète-

ment supprimées, ou réduites à un vain cérémonial.
Ce fut alors que Charles-Quint et Philippe II abolirent les constitutions libres de Castille et d'Aragon ;
ce fut alors que les états généraux de France se réunirent pour la dernière fois avant la dernière de
toutes, à la veille de la grande Révolution. En Angleterre, ni les institutions parlementaires ne disparurent, ni le Parlement ne déchut jusqu'à n'être
qu'une vaine formalité. Toutefois, pendant un temps,
les Parlements, aussi bien que toutes nos autres
institutions, furent transformés en instruments de
tyrannie. Sous Henri VIII, les Parlements, comme
les juges, comme les jurys, comme les synodes ecclésiastiques décrétèrent tout ce qui sembla bon
au caprice du despote (a). Pourquoi avaient-ils
ainsi dégénéré de ce qu'ils avaient été dans les
âges précédents, de ce qu'ils devaient redevenir
ensuite ? La raison en est claire : les communes
n'avaient pas encore pris assez de force pour agir
sans les lords, et ceux-ci avaient cessé d'être un
corps indépendant. La vieille noblesse avait été
anéantie à Towton et à Barnet, et les nouveaux
nobles étaient les vils esclaves du roi auquel
ils devaient leurs honneurs. Un siècle plus tard,
cette nouvelle noblesse avait hérité de l'esprit

(a) Il est bon de remarquer ce passage, pour se le rappeler plus loin, lorsque l'auteur établira la légitimité de la dynastie actuelle uniquement sur l'acte du Parlement d'Henri VIII.

de l'ancienne, et les communes étaient parvenues à la plénitude de leur puissance. Ainsi arriva-t-il que l'on trouve dans les Parlements du seizième siècle une abjecte soumission à la volonté d'un tyran, et qu'on n'aperçoit aucune trace d'une pareille servilité dans ceux du quatorzième ou du dix-septième. Il n'y a vraiment aucun rapport entre les Parlements qui détrônèrent Richard II et Charles 1er, et ces autres Parlements qui, presque sans débats, passèrent des bills d'*attainder* contre tous ceux à qui s'en prenait le caprice de Henri VIII, ces Parlements qui, dans le siècle par excellence de la controverse religieuse, furent toujours prêts à sanctionner par toute espèce de pénalités la forme particulière de doctrine qui convenait pour le moment au défenseur de la foi, à son fils ou à ses filles.

Comment se fait-il, me demandera-t-on, que, dans un pareil état de choses, les institutions parlementaires n'aient pas péri en Angleterre, comme elles périrent dans tant d'autres pays? Il pourrait suffire de répondre qu'aucun prince n'avait intérêt à détruire des institutions qu'il voyait se prêter si complaisamment à ses desseins. Mais pourquoi ne se réduisirent-elles pas à de simples formes, ce qui ne leur arriva certainement jamais, même dans les plus mauvais jours? L'une des raisons, sans aucun doute, est la situation exceptionnelle de notre pays, placé dans une île, situation qui, sous tant d'autres rapports, a donné un tour particulier à notre histoire. Le grand ennemi des institutions parlementaires fut l'introduction des armées permanentes. Le souverain de l'Angleterre, enfermé dans son île, avait bien moins besoin d'une armée permanente que les souverains du continent, engagés qu'ils étaient dans des guerres sans fin avec leurs voisins des frontières. Mais je pense aussi que le caractère personnel d'Henri VIII fut pour beaucoup dans le salut définitif de nos libertés.

N'allez pas vous imaginer un instant que j'appartienne à cette école paradoxale qui célèbre Henri VIII comme un maître vertueux et bienfaisant. Ne croyez pas que je professe pour lui des sentiments de reconnaissance personnelle comme je fais pour le comte Simon et pour le roi Édouard. La position d'Henri ressemble davantage à celle de Guillaume le Conquérant, quoique j'estime certainement que le Conquérant fut en tout point le meilleur des deux. Tous deux servirent la cause de la liberté indirectement, et tous deux la servirent par des moyens conformes à leurs caractères respectifs. Sous un rapport, à dire vrai, Guillaume et Henri se trouvèrent dans des positions entièrement différentes vis-à-vis de l'Angleterre. Guillaume était étranger, et c'est en grande partie à cette qualité d'étranger qu'il dut de pouvoir nous faire du bien indirectement. Henri, avec tous ses crimes, était un parfait Anglais ; tout le temps de son règne, il y eut sympathie entre lui et la masse de ses sujets, qui, après tout, ne souffrirent pas autrement d'incidents comme la décapitation d'une reine ou d'un duc (*a*). Mais le despotisme de Guillaume et celui d'Henri VIII eurent ceci de commun que l'un et l'autre de ces souverains, même dans les pires de ses actes, conserva un scrupuleux respect pour la lettre de la loi.

En ce qui concerne Guillaume, il n'est pas difficile de s'en rendre compte, pour peu qu'on étudie soigneusement les archives de son époque (28) ; pour ce qui regarde Henri, cette vérité est proclamée hautement par les plus grands faits de l'histoire d'Angleterre. Tandis que les autres rois, tyrans comme lui, étaient occupés partout hors d'Angleterre à renverser les institutions libres, Henri témoignait en toutes choses du plus grand respect extérieur pour ces institutions. Tout le temps de son règne, il prit soin de ne rien faire que suivant la forme extérieure légale et régulière, et de façon à pouvoir s'abriter sous la sanction, soit d'un précédent, soit d'une loi écrite. En soi, cette perversion de la loi, ce dégui-

(*a*) La décapitation injuste, même d'une reine ou d'un duc, n'est pas chose insignifiante ; néanmoins on peut apporter à l'appui de l'assertion de l'auteur l'exemple des empereurs romains. Même odieux à Rome, ils n'en étaient pas moins chers souvent aux provinces, qui profitaient de leur gouvernement sans souffrir si cruellement de leur caractère.

sement du mal sous les dehors du droit est réellement pire, en tout cas plus corrupteur, que la
violence déclarée, contre laquelle on est toujours
tenté de se révolter ouvertement. Néanmoins une
tyrannie comme celle d'Henri est encore une forme
de l'hommage que le vice rend à la vertu ; le respect
soigneux des formes extérieures de la liberté rend
plus facile à une autre et plus heureuse génération
le rôle de rendre à la forme son ancien esprit et
sa première vie. Chaque acte criminel commis par
Henri avec l'assentiment du Parlement était en réalité un témoignage de l'autorité constante du Parlement; l'abaissement même de notre ancienne constitution la préparait à renaître un jour avec une
nouvelle force et dans une forme plus parfaite (29).

Un second témoignage semblable de l'importance
du Parlement à cette époque résulte de deux autres
circonstances très-remarquables, dans lesquelles on
reconnaît le pouvoir et l'autorité de la Chambre des
communes par le fait même qu'on fut obligé de
la corrompre. La première de ces circonstances fut
l'intervention active du gouvernement dans les élections pour le Parlement; l'autre, la création de
bourgs destinés à être corrompus. Il n'est pas besoin de preuves plus fortes que celles-là pour attes-
ter l'importance d'un corps qu'on trouvait nécessaire de trier et de dresser ainsi. La couronne garda
encore le pouvoir de convoquer les membres de n'im-

porte quel bourg elle voulait, et, tant que régnèrent les Tudor, on abusa sans réserve de ce pouvoir en envoyant des *writs* aux localités qui devaient avec vraisemblance élire des membres dociles à la cour (30). Ainsi naquirent dans le Cornwall et ailleurs plusieurs de ces honteux petits bourgs, qui furent dépouillés de leurs priviléges par nos bills successifs de réforme. Ces bourgs, qui furent toujours corrompus, et qui avaient été créés pour l'être, doivent être soigneusement distingués d'une autre classe de bourgs, qui périt avec eux. Plusieurs villes auxquelles le comte Simon et le roi Édouard envoyèrent des *writs*, déclinèrent avec le progrès du temps ; quelquefois, elles déchurent complétement ; plus souvent, d'une manière relative, en se laissant tout à fait dépasser par des villes plus jeunes et perdant ainsi l'importance qu'elles avaient eue jusque-là. Il était également juste de retirer le privilége aux unes et aux autres ; mais il faut bien penser à l'histoire différente de ces deux classes de villes. Ce fut justice de supprimer les représentants d'Old-Sarum ; mais il y eut un temps où ce fut justice aussi de les lui donner. Dans le cas d'une foule de bourgs du Cornwal, on n'avait pas seulement le droit d'en supprimer les membres, mais on n'aurait jamais dû leur en donner du tout (31).

Ce fut au temps d'Élisabeth que quelque chose de l'ancien esprit reparut enfin. C'est là que nous arrivons au commencement de cette longue suite de

grands parlementaires qui se continua sans interruption depuis son règne jusqu'à nos jours. Quelques esprits audacieux dans la Chambre des communes commencèrent alors une fois de plus à parler
avec un accent digne de ces grandes assemblées qui
avaient appris aux Édouard et aux Richard qu'il
y avait une puissance en Angleterre plus grande
que la leur même (32). Sous le pâle successeur de
la grande reine, la voix de la liberté se fit entendre
plus haut (33). Pendant le règne suivant, s'éleva la
plus fameuse de toutes nos querelles, et un roi d'Angleterre une fois encore, comme aux jours d'Henri
et de Simon, prit les armes contre son peuple pour
apprendre que le pouvoir de son peuple était plus
grand que le sien. Mais au dix-septième siècle, pas
plus qu'au treizième, on ne réclama des droits et des
pouvoirs considérés comme nouveaux ; on se bornait
à exiger une meilleure garantie des pouvoirs et des
droits dont on était en possession depuis les plus
anciens temps.

Je n'ai pas le projet d'entrer dans le détail de cette
grande lutte et des événements qui la suivirent. J'ai
retracé avec quelque étendue l'origine et l'accroissement progressif de notre constitution depuis les
temps les plus reculés jusqu'aux jours où elle fut le
plus rudement éprouvée sous le despotisme des Tudor et des Stuarts. Notre histoire constitutionnelle
moderne se rattache plutôt à des recherches d'un au-

tre genre. C'est purement un relevé des changements insensibles entrés peu à peu dans la pratique d'institutions dont la forme extérieure et légale est restée intacte. Aussi terminerai-je cette esquisse historique suivie, si elle peut prétendre à ce titre, au point où nous voici parvenus maintenant.

Au lieu de continuer à faire un exposé méthodique de la constitution jusqu'aux temps plus voisins de nous, je choisirai de préférence, pour troisième partie de mon sujet, l'éclaircissement de l'un des points particuliers dont je me suis occupé, entre autres de cette faculté que notre développement progressif nous a donnée de revenir sur nos pas, de reculer, quand la nécessité nous y force, jusqu'aux principes d'époques plus lointaines, souvent des plus lointaines de toutes. Par notre volonté ou non, beaucoup de nos meilleures lois modernes, je l'ai déjà dit, ont été un progrès réalisé par un retour en arrière. Comme dernière division de l'ouvrage que j'ai entrepris, j'essaierai de montrer dans combien de circonstances répétées nous avons, en fait, renoncé aux expédients encombrants et oppressifs des légistes féodaux et royaux pour remonter aux principes plus sains, plus libéraux et plus simples des temps de notre antique liberté.

CHAPITRE III

Dans mes deux premiers chapitres, j'ai conduit ma rapide esquisse de la constitution anglaise jusqu'aux grands événements du dix-septième siècle. J'ai choisi ce moment pour terme de ma narration suivie, parce que le caractère particulier des temps postérieurs a été que tant et de si importants changements pratiques s'y sont accomplis sans aucun changement dans la loi écrite, sans aucune promulgation nouvelle de loi, sans aucune nouvelle déclaration du sens à y attacher. Les mouvements et les révolutions des premiers siècles, comme je l'ai dit plus haut, avaient rarement pour but un changement avoué dans la loi, mais tendaient plutôt à l'établir plus nettement, à la faire exécuter avec plus de conscience et d'honnêteté. Tel fut le caractère général de toutes les grandes étapes de notre histoire politique depuis le jour où Guillaume de Normandie remit en vigueur les lois d'Édouard, jusqu'à celui où Guillaume d'Orange donna son royal assentiment au bill des droits.

Cependant, quoique chaque pas dans notre marche en avant prît la forme, non pas de la création d'un nouveau droit, mais de la consolidation d'un droit ancien, ce pas n'en était pas moins marqué par un acte formel et public qui reste enregistré parmi les étapes successives de notre progrès. C'était une charte que concédait le souverain ; c'était un acte du parlement que recevaient les états du royaume et qui réglait dans une forme légale la nature et l'étendue des droits qu'on avait tenté d'asseoir sur un terrain plus solide. A partir du dix-septième siècle, les choses, sous ce rapport, changèrent singulièrement. Le travail de la législation, de la législation strictement constitutionnelle, ne cessa pas ; une longue série d'actes législatifs fixent le regard comme autant de points successifs de notre progrès politique, non moins dans les temps plus récents qu'aux époques plus reculées. Mais à côté s'est produite aussi une série de changements politiques, non moins considérables que ceux qui sont consignés dans le livre des statuts, et qui se sont opérés sans acte législatif d'aucune espèce. Un code entier de maximes politiques, universellement reconnues en théorie, universellement appliquées dans la pratique, s'est développé peu à peu, sans laisser dans les actes authentiques de notre législation aucune trace des diverses périodes de son accroissement.

Jusqu'à la fin du dix-septième siècle, on peut affirmer qu'aucune démarcation ne saurait être tracée entre la constitution et la loi. Les prérogatives de la couronne, les priviléges du parlement, la liberté des sujets peuvent n'avoir pas toujours été clairement définis sur chaque point. On a dit, il est vrai, que ces trois choses sont de celles qui, par leur nature, ne peuvent avoir de limites fixes. Cependant toutes trois étaient censées reposer, sinon sur les termes exprès du statut, du moins sur cette création, nuageuse en quelque sorte, malgré tout très-pratique, ce mélange de traditions anciennes incontestées et de fictions récentes des légistes, que les Anglais reconnaissent comme la coutume, le droit commun. Toute violation, soit des droits du souverain, soit des droits des sujets, était une offense légale, susceptible d'une définition légale, et exposant le coupable aux pénalités légales. Un acte qui n'aurait pu rentrer dans la lettre ni du droit statutaire, ni du droit commun, n'eût été considéré en aucune façon comme un délit. Si les cours inférieures étaient trop faibles pour faire justice, la Haute-Cour du Parlement se tenait prête à punir même les plus puissants criminels. Celle-ci était armée de pouvoirs redoutables et rarement employés, mais qui n'en étaient pas moins réguliers et légaux. Elle pouvait frapper par l'*impeachment*, par l'*attainder*, par l'exercice du plus grand pouvoir de tous, la déposition du roi régnant. Mais on n'était pas encore parvenu à cette perfection d'une doctrine plus subtile d'après laquelle il peut y avoir des offenses à la constitution qui ne soient pas des offenses à la loi. On n'avait pas encore appris que des hommes, dans une grande charge publique, peuvent avoir une responsabilité réelle et soumise à l'action publique, qu'aucune disposition légale n'a cependant définie et sur laquelle aucun tribunal légal ne peut appuyer un jugement. On n'avait pas encore trouvé que le Parlement lui-même a un pouvoir, aujourd'hui dans la pratique le plus grand qui lui appartienne, en vertu duquel il n'agit ni comme puissance législative, ni comme cour de justice, mais prononce des sentences qui n'ont pas moins de force pratique pour n'emporter avec elles aucune des conséquences légales de la mort, de la captivité, du bannissement ou de la confiscation. Nous possédons aujourd'hui tout un système de moralité politique, tout un code de préceptes pour la direction des hommes publics, préceptes qu'on ne trouvera à aucune page du statut ou de la coutume, mais qui, dans la pratique, sont à peine tenus pour moins sacrés que n'importe quel principe incorporé dans la Grande Charte ou dans la pétition du droit. Bref, à côté de notre loi écrite, s'est développée une constitution non écrite ou conventionnelle.

Lorsqu'un Anglais dit d'un homme public que sa conduite est constitutionnelle ou inconstitution-

nelle, il entend quelque chose de tout différent
de ce qu'il veut dire par une conduite légale ou
illégale. Une résolution fameuse de la Chambre
des communes, votée sur la motion d'un grand
homme d'État, déclara un jour que les ministres
actuels de la couronne ne possédaient pas la confiance de la Chambre, et qu'en continuant d'occuper leur charge, ils se mettaient par conséquent en
opposition avec l'esprit de la constitution (1). La vérité d'une telle affirmation, conformément aux principes traditionnels d'après lesquels ont agi les hommes publics pendant plusieurs générations, ne peut
être discutée ; mais ce serait en vain qu'on chercherait une trace de pareilles doctrines dans aucune page de nos lois écrites. L'auteur de cette
motion ne voulait pas dire qu'il accusait le ministère existant de quelque acte illégal, d'un acte qui
eût pu faire l'objet d'une poursuite devant une cour
inférieure ou d'une accusation à la Haute-Cour du
Parlement lui-même. Il ne voulait pas dire que ces
hommes, ministres de la couronne, désignés pour
tout le temps du bon plaisir de la couronne, com-
mettaient une infraction à la loi dont la loi eût à
connaître, parce qu'ils restaient en possession de
leur charge jusqu'au moment où la couronne devrait trouver bon de la leur reprendre. Ce qu'il
voulait dire, c'est que la marche générale de leur
politique était de nature, aux yeux d'une majorité

dans la Chambre des communes, à ne paraître ni sage ni avantageuse à la nation, et qu'en conséquence, conformément à un code conventionnel aussi bien compris et aussi réel que la loi écrite elle-même, ils étaient tenus de résigner les fonctions dont la Chambre des communes ne les estimait plus dignes. La Chambre n'avait pas la prétention de destituer ces ministres par un acte de sa propre autorité ; elle ne demandait même pas à la couronne de leur retirer leur charge. Elle exprimait simplement son sentiment sur leur conduite générale, et il fut bien établi que, quand la chambre avait ainsi parlé, c'était le devoir des ministres de céder, sans qu'il fût besoin d'une demande formulée ou d'un ordre exprès, soit de la chambre, soit du souverain (2).

L'adoption par la Chambre des communes d'une semblable résolution peut sans doute être considérée comme la déclaration formelle d'un principe constitutionnel. Mais, quoique formelle, ce n'était pas une déclaration légale. Cette déclaration créait un précédent pour la conduite pratique des futurs ministres et des futurs parlements, mais elle ne changeait ni ne fixait la loi. Elle affirmait un principe qui pourrait être invoqué dans les futurs débats de la Chambre des communes, mais n'en posait aucun qui pût être pris en considération par un juge dans une cour légale. Elle se place donc sur un tout autre terrain que les décisions qui, soit qu'elles changeassent la loi, soit qu'elles la déclarassent simplement, avaient réellement une force légale et pouvaient être l'objet d'une contrainte par l'intervention d'un tribunal légal. S'il arrivait qu'un officier de la couronne pût en venir à lever une taxe sans l'autorisation du parlement, s'il faisait exécuter une loi martiale sans cette même autorisation, il serait coupable d'un crime légal. Mais s'il continue simplement à détenir un office conféré par la couronne et dont la couronne ne l'a pas dépossédé, quand même il braverait n'importe quel nombre de votes de censure adoptés par les deux chambres du Parlement, il n'est en aucune manière violateur de la loi écrite. Seulement, l'homme qui agirait ainsi serait universellement regardé comme ayant foulé aux pieds un des principes les plus incontestés de la constitution, non écrite sans doute, mais universellement acceptée.

Ce qu'il y a de plus remarquable, c'est que, de ces deux espèces d'offenses hypothétiques, la dernière, dont la culpabilité est de pure convention, est presque aussi improbable que la première, dont la culpabilité est chose établie par la loi. Le pouvoir de la loi est si fermement établi parmi nous que la possibilité d'infractions à cette loi commises par la couronne ou par ses ministres vient à peine jamais à l'esprit. Une conduite qui transgresserait les grandes lignes de la constitution non écrite est considérée comme presque aussi invraisemblable. Les hommes politiques peuvent débattre le point de savoir si telle ou telle marche est ou n'est pas constitutionnelle, exactement comme les légistes peuvent discuter la légalité de tel ou tel acte. Mais la forme même du débat implique l'idée qu'il y a une constitution à observer, tout comme dans l'autre cas elle suppose l'existence d'une loi qu'il faut observer également. Or, cet établissement solide d'un code purement traditionnel et de convention est un des faits les plus remarquables de l'histoire. Il est clair que ce code implique le plus solide établissement possible du pouvoir des lois écrites, comme fondement du sien. S'il y avait la moindre crainte d'infractions à la loi écrite de la part de la couronne ou de ses officiers, nous serions obligés de chercher les moyens d'écarter ce danger plus sérieux, au lieu de discuter les questions que soulève un code sans aucune existence légale. Mais il est bon quelquefois de s'arrêter et de se rappeler à quel point est tout à fait conventionnel l'ensemble de notre système reçu.

La doctrine admise quant aux rapports des deux Chambres du Parlement l'une avec l'autre, la théorie entière de la situation du corps connu sous le nom de Cabinet et de son chef le Premier Ministre, chaque détail en un mot de l'œuvre pratique du gouvernement chez nous, est matière relevant entièrement de la constitution traditionnelle, et nullement de la loi écrite. Les limites de l'autorité royale sont, il est vrai, définies par la loi écrite. Mais je soupçonne que bien des gens seraient étonnés de la somme de pouvoirs que la couronne possède encore aujourd'hui en vertu de la loi, et de bien d'autres choses qui, à nos yeux, sembleraient tout à fait monstrueuses, et qui pourtant pourraient être faites par l'autorité royale sans qu'aucune loi fût violée.

La loi sans doute nous défend contre une législation arbitraire, contre le rappel d'anciennes lois ou l'introduction de lois nouvelles sans le consentement des deux Chambres du Parlement. Mais c'est la constitution non écrite seule qui met la couronne dans l'impossibilité matérielle de refuser son assentiment aux mesures adoptées par les deux Chambres du Parlement, et qui, dans plus d'un cas, lui rend presque impossible également de repousser la prière envoyée dans une adresse par l'une seule de ces Chambres.

La loi écrite laisse à la couronne le choix de tous ses ministres et agents, grands et petits ; la nomination à leurs charges et leur révocation, aussi longtemps qu'ils ne commettent aucun crime punissable par la loi, est affaire laissée à la discrétion personnelle du souverain. La constitution non écrite met le souverain dans l'impossibilité matérielle de garder au pouvoir un ministre que la Chambre des communes n'approuve point, et elle lui rend également presque impossible de révoquer de ses fonctions un ministre qu'approuve la Chambre des communes (3).

La loi écrite et la constitution non écrite, aussi bien l'une que l'autre, affranchissent le souverain de toute responsabilité personnelle ordinaire (4). Elles transportent toutes deux la responsabilité du souverain lui-même à ses agents et conseillers. Mais la nature et l'étendue de leur responsabilité sont complétement différentes aux yeux de la loi écrite et aux yeux de la constitution non écrite. La loi écrite se contente de bien établir que l'ordre du souverain n'est pas une excuse pour un acte illégal, et que celui qui conseille l'exécution d'un acte de ce genre par l'autorité royale doit porter la responsabilité dont le souverain lui-même est affranchi. La loi écrite ne connaît aucune responsabilité que celle qui peut être rendue effective, soit pár la poursuite devant l'une des cours ordinaires, soit par l'accusation devant la Haute-Cour du Parlement. La constitution non écrite soumet les agents et conseillers de la couronne à une responsabilité d'un tout autre genre. Ce que nous entendons par la responsabilité des ministres, c'est qu'ils sont sujets à voir tous leurs actes publics discutés dans le Parlement, non-seulement sur le terrain de la légalité ou de l'illégalité de leur caractère, mais pour les motifs très-vagues de leur tendance générale. Ils peuvent ne courir aucun danger de poursuite ou de mise en accusation ; mais ils n'en sont pas moins tenus de s'incliner devant d'autres manifestations, de la volonté de la Chambre des communes ; la constitution non écrite rend un vote de censure aussi décisif qu'une mise en accusation, et, dans mainte circonstance, donne à son pur refus d'adopter une mesure ministérielle autant d'efficacité qu'à un vote de censure.

La loi écrite ne sait rien du cabinet ni du premier ministre ; elle les connaît comme membres de l'une ou de l'autre Chambre du Parlement, comme conseillers privés, comme détenant, chacun d'eux dans sa propre personne, certains offices ; mais, en tant que corps collectif dont les membres sont liés entre eux par une responsabilité commune, la loi n'a jamais entendu parler d'eux (5). Au contraire, aux yeux de la constitution non écrite, le premier ministre et le cabinet dont il est la tête forment le trait principal de notre système de gouvernement.

Il suffit d'un coup d'œil pour remarquer que le pouvoir effectif de la couronne n'est pas aujourd'hui ce qu'il était sous le règne de Guillaume III ou même sous celui de George III. Mais ce changement est dû bien moins aux changements opérés dans la

loi écrite qu'à ceux de la constitution traditionnelle. La loi laisse les pouvoirs de la couronne in-
tacts, mais la constitution exige que ces pouvoirs
soient exercés par des personnes et dans des formes
qui soient acceptables à la majorité de la Chambre
des communes. A l'aide de tous ces moyens, d'une
manière insensible et indirecte, la Chambre basse
du Parlement, basse quant au rang qu'on lui assi-
gne encore dans la forme, est devenue, par le fait, le
pouvoir dirigeant de la nation. Il n'y a pas de contraste plus frappant que celui de l'humilité de ses
rapports, dans leur forme, avec la couronne et
même avec la Chambre haute (6), et de l'irrésistible
pouvoir qu'elle exerce en réalité sur toutes deux.
Elle a tellement conscience de la force immense de
ses pouvoirs indirects, qu'elle ne se soucie plus de
réclamer les pouvoirs directs qu'elle exerçait autrefois. Il y eut un temps où le Parlement était directement consulté sur les questions de guerre et de
paix. Il y eut un temps où le Parlement réclamait
le droit de nommer directement plusieurs des
grands officiers de l'État. Il y eut des temps beaucoup plus anciens où ce n'était pas chose extra-
ordinaire que de désigner un homme au pouvoir
comme ennemi public, ou de s'adresser directement à la couronne pour le faire éloigner de son
poste et de la présence royale. De telles manières
d'exercer directement le pouvoir parlementaire ne

sont plus nécessaires aujourd'hui, parce que toute la machine gouvernementale peut être changée par le simple procédé du refus qu'oppose la Chambre à l'adoption d'une mesure sur laquelle le ministre s'est décidé à jouer son existence officielle.

Entrer dans l'histoire des périodes par lesquelles cet état de choses tout à fait remarquable a passé pour se constituer n'est pas mon objet ici. Le code de notre constitution non écrite, comme tout le reste chez nous, s'est formé pièce à pièce, et, pour la plus grande partie, silencieusement, sans aucun auteur reconnu. Toutefois, quelques degrés de ce développement sont aisément visibles et tracent d'importantes démarcations. Le commencement en peut-être placé sous le règne de Guillaume III, quand nous trouvons pour la première fois quelque chose qui ressemble un peu à un ministère dans le sens moderne. Jusqu'à cette époque, les serviteurs de la couronne avaient été les serviteurs de la couronne, chacun dans l'accomplissement personnel de sa propre fonction. Le tenancier de chaque office devait un service fidèle à la couronne, et était en même temps responsable vis-à-vis de la loi ; mais il ne se trouvait dans aucune relation spéciale avec le tenancier d'aucun autre office. Pourvu qu'il accomplît ses devoirs particuliers, nul ne l'empêchait d'être l'ennemi personnel ou politique d'un de ses compagnons dans le service de la couronne. Ce fut

Guillaume qui vit le premier que, si le gouvernement du roi devait sans doute continuer, il fallait du moins qu'il y eût un accord général d'opinions et de desseins entre les principaux agents qu'il y employait. De ce point de départ sortit par degrés un système qui oblige les principaux officiers de la couronne à agir ensemble avec une entente au moins extérieure, à prendre la défense les uns des autres, et, sur les points vitaux, à rester debout ou tomber ensemble.

Un autre progrès remarquable eut lieu à une époque beaucoup plus récente, lorsque le roi cessa de prendre une part personnelle aux délibérations de son cabinet. Je peux même noter un changement de langage qui s'est fait de mon temps, et qui, comme tous les autres changements de langage, n'est certainement pas sans avoir sa signification. Nous disons familièrement maintenant, dans le Parlement et hors du Parlement, en parlant du corps des ministres en fonction au pouvoir, de ce corps connu de la constitution, mais entièrement inconnu de la loi : « le gouvernement. » Nous disons : « le gouvernement de M. Gladstone, » ou « le gouvernement de M. Disraëli. » Je me rappelle très-bien le temps où une telle forme de langage était inconnue, où le mot « gouvernement » voulait dire encore « le gouvernement par le roi, les lords et les communes, » et où les hommes qui agissaient en corps comme conseillers immédiats du roi étaient appelés les « ministres » ou « le ministère. » (7)

Cette espèce d'accroissement silencieux, je pourrais dire clandestin, sans le secours d'aucun acte législatif, produisit ce code non écrit et conventionnel de règles politiques dont nous parlons comme de la constitution. J'ai dit que ce progrès caractérisait les jours qui suivirent la révolution de 1688 et les distinguait des époques antérieures. C'est bien ainsi qu'il en est sans aucun doute. A aucune époque antérieure, tant et de si graves changements dans la doctrine et la pratique constitutionnelles n'auraient obtenu l'acquiescement universel sans être consignés dans un acte législatif écrit. Et cependant, cette tendance des derniers temps n'est après tout que le développement ultérieur d'un instinct déjà en action dès le principe. C'est tout simplement une autre manière de mettre en pratique cet amour inné de l'Anglais pour le précédent, son attachement à l'usage et à la coutume.

Le développement de la constitution non écrite a beaucoup de rapports avec le développement plus ancien du droit coutumier. J'ai montré dans les premiers chapitres que quelques-uns des principes les plus importants de notre ancienne constitution s'étaient établis insensiblement et par le pouvoir du précédent, sans s'appuyer sur aucun acte écrit connu. Si nous ne pouvons citer aucun acte du Parlement déterminant les rapports des membres du cabinet avec la couronne, avec la Chambre des communes et les uns avec les autres, nous ne pouvons pas citer davantage l'acte du Parlement qui décida, en opposition avec la pratique de toutes les autres nations, que les enfants du pair héréditaire seraient de simples citoyens du commun, des roturiers. La différence réelle est que, dans des temps plus calmes, lorsque la loi avait son plein empire, on trouva que nombre de changements importants pouvaient s'opérer dans la pratique sans nécessiter de changements formels dans la loi. On trouva aussi qu'il y a une classe considérable de matières politiques qui peuvent être mieux réglées par ce procédé de conventions tacites qu'elles ne pourraient l'être par le moyen d'une décision expresse de la loi. Nous comprenons pratiquement ce que l'on entend par ministres ayant ou n'ayant pas la confiance de la Chambre des communes ; nous reconnaissons pratiquement les cas dans lesquels, parce qu'ils n'ont pas la confiance de la Chambre, ils doivent résigner leur office, et ceux où ils peuvent loyalement en appeler au pays par la dissolution du Parlement. Mais il serait absolument impossible de définir de tels cas d'avance par les termes d'un acte du Parlement. Autre exemple : le *speaker* de la Chambre des communes est un officier connu de la loi. Le *leader* de la même Chambre des communes est une personne aussi bien connue du pays que de la Chambre ; ses fonctions sont aussi bien comprises que celles du *speaker* lui-même. Mais du *leader*, la loi ne sait rien. Ce serait en vain qu'on chercherait à donner une définition légale de ses devoirs, et la Chambre elle-même, jusqu'ici, s'est refusée à reconnaître l'existence d'une personne de ce genre, en aucune façon dont une cour juridique pût tenir compte (8).

Ainsi donc, durant un espace de temps qui n'est pas loin aujourd'hui de compléter deux cents ans, le développement latent et extra-légal de notre constitution conventionnelle a été au moins aussi considérable que l'ont été les changements formels de notre loi écrite. Pour ce qui concerne ces derniers, il est un point sur lequel je désire particulièrement insister, je veux dire la manière dont un bon nombre de parties de la législation moderne ont été — volontairement ou non, j'avoue ne pas le savoir — un retour aux principes plus simples de notre plus antique constitution.

Je crois pouvoir démontrer que, sur plusieurs points importants, nous avons rejeté les subtilités légales qui grandirent du treizième au dix-septième siècle, et sommes retournés au simple sens commun du onzième ou du dixième, et d'époques beaucoup plus reculées encore. Dans ces anciens âges, nous avions déjà des lois, mais nous n'avions pas encore de légistes. Nous entendons parler, au vieux temps, d'hommes plus versés que les autres dans les lois du pays, mais cette science spéciale est regardée comme l'attribut de l'âge ou de l'expérience des affaires publiques, non comme la propriété particulière d'une classe professionnelle. La classe des légistes de profession grandit en même temps que se développa une jurisprudence plus compliquée et plus technique sous nos rois normands et angevins. Ce n'est pas que je veuille témoigner d'aucun dédain pour une profession qui, dans l'état artificiel de notre société actuelle, est certainement indispensable; mais il n'y a pas l'ombre d'un doute que les interprétations des légistes et leur manière d'envisager les choses n'aient pas peu nui, non-seulement à la véritable interprétation de notre histoire, mais encore à la marche pratique de cette histoire même.

La tendance des légistes est de donner une extension déraisonnable à cet amour de l'Anglais pour le précédent, lequel, maintenu dans des bornes raisonnables, est une de nos plus précieuses sauvegardes. Leur talent est de tirer une conclusion subtile et logique de prémisses données; mais pour ces prémisses elles-mêmes, ils se contentent ordinairement de les recevoir sans examen de ceux qui les ont acceptées avant eux. C'est chose curieuse souvent de voir l'adresse étonnante avec laquelle les légistes ont entassé conséquences sur conséquences, en partant d'une supposition purement arbitraire et de leur propre invention. Chaque déduction de l'argument, prise en elle-même, est absolument irréfutable; l'objection doit s'adresser plus haut, et avant que l'argumentation commence. Celle-ci est parfaite, pour peu que l'on admette les prémisses ; le seul malheur est que les prémisses seront constamment trouvées sans valeur historique.

Ajoutez que la tendance naturelle de l'esprit du légiste est au *conservatisme*, à la déférence pour l'autorité. Ce sera toujours le cas, même avec des hommes complétement sincères, dans un siècle où la sincérité n'est plus dangereuse. Mais cette tendance aura une force décuple à une époque où une sincère exposition de la loi peut faire encourir à celui qui en est l'auteur la défaveur d'un gouvernement arbitraire. Nous verrons donc que les prémisses, dont les arguments des légistes ont été déduits, mais dont l'étude de l'histoire démontre la fausseté, sont ordinairement des prémisses imaginées en faveur de la prérogative de la couronne, et non pas en faveur des droits du peuple.

Véritablement, toute cette conception idéale du souverain considéré, personnellement du moins, comme supérieur à la loi, comme irresponsable et incapable de mal agir, cette conception du souve-

rain considéré comme seule origine de tout honneur, premier auteur de toute propriété, source
primitive d'où découle toute autorité, de n'importe
quel genre, est une pure conception de légistes, et
ne s'appuie sur aucun fondement, quel qu'il soit,
dans les archives de notre ancienne histoire (9) (*a*).
Dans les derniers temps, il est vrai, le mal s'est
largement corrigé lui-même ; le développement de
notre constitution non écrite entre les mains des
hommes d'État a fait beaucoup, en pratique, pour
nous débarrasser de ces inventions serviles des légistes. L'irresponsabilité personnelle du souverain
devient, en fait, inoffensive, quand les pouvoirs
de la couronne sont réellement exercés par des
ministres qui agissent sous une double respon
sabilité, imposée à la fois par la loi écrite et par la
constitution non écrite. Toutefois, maintenant encore, de légères difficultés se présentent quelquefois, lorsqu'une maxime traditionnelle des légistes,
un système imaginé en faveur des prérogatives de
la couronne se met en travers de l'administration

(*a*) L'idée de la royauté de droit divin a pris naissance dans
les primitives sociétés patriarcales, où le père de famille,
avec son autorité qu'il tient de la nature même, devenait aisément le type du chef politique. On comprend que cette conception de la souveraineté ne se soit pas présentée à l'esprit
de peuples guerriers et remuants, ou s'y soit promptement
effacée. La famille s'y perdit dans la tribu, la tribu dans l'armée, et l'égalité des dangers dut y créer bientôt l'égalité des
droits.

parfaitement équitable de la justice. Mais, dans la plupart des cas les plus graves, le législateur est directement intervenu pour écarter les fictions juridiques, et les actes modernes du Parlement ont ramené les choses aux principes plus simples de nos premiers ancêtres. Je conclurai mon esquisse de notre histoire constitutionnelle en signalant plusieurs cas dans lesquels cet heureux résultat s'est produit.

Pendant plusieurs siècles, ce fut une doctrine légale universellement reçue que le Parlement expirait à l'instant même de la mort du roi régnant. Le raisonnement par lequel les légistes arrivaient à cette conclusion est, comme la plupart de leurs raisonnements, tout à fait irréfutable, à condition seulement qu'on admette leurs prémisses. Dans le système des légistes, quels que puissent être les pouvoirs du Parlement au moment qu'il s'assemble effectivement, n'importe à quel point le roi soit obligé d'agir par son avis, son consentement ou son autorité, le Parlement lui-même n'en tire pas moins son existence de l'autorité du roi. Le Parlement était convoqué par le *writ* du roi. Le roi sans doute pouvait être obligé de publier l'ordre de convocation ; ce n'en était pas moins de cet ordre que le Parlement tenait effectivement son existence et ses pouvoirs. D'après une autre présomption légale, la force du *writ* royal était estimée ne durer que le temps de la vie du roi qui l'avait publié. Il s'ensuivait donc que le Parlement, convoqué par le *writ* et tenant de là son autorité, était dissous *ipso facto* par la mort du roi qui lui avait ordonné de se réunir.

Admettez un instant les suppositions sur lesquelles se fonde ce raisonnement, et le raisonnement lui-même est parfait. Mais quelle est la valeur de ces suppositions elles-mêmes? Voyez quel air aurait eu cet entassement de subtilités juridiques aux yeux d'un homme du onzième siècle, d'un homme qui avait pris part aux élections d'Édouard et d'Harold, et poussé son cri ou frappé son bouclier dans la grande assemblée qui rétablit Godwine dans ses terres et dans ses honneurs. Aux yeux d'un pareil spectateur, la doctrine qu'une assemblée nationale ne pouvait se réunir que sur l'ordre du roi, et celle qui en découle que l'assemblée cessait d'exister avec le dernier soupir exhalé de la poitrine du roi, aurait produit l'effet des divagations d'un fou.

A quel moment la réunion de l'assemblée de la nation était-elle plus nécessaire, à quel moment cette assemblée était-elle appelée à exercer ses plus grands et plus essentiels pouvoirs, sinon quand le trône était effectivement vacant, quand l'assemblée de la nation était réunie pour désigner celui qui devait l'occuper à sa place? Et comment l'Assemblée aurait-elle pu se réunir sur l'ordre de convocation du roi, quand il n'y avait pas de roi dans le pays pour publier cet ordre? Le *writ* du roi, aux yeux de cet homme, paraîtrait sans doute un moyen commode, dans les temps ordinaires, de fixer le moment et le lieu des séances de l'assemblée, mais il ne serait rien de plus. Il ne serait en aucun sens la source des pouvoirs de l'assemblée, pouvoirs qu'il considérerait comme découlant de ce simple fait que l'assemblée est elle-même la nation. Pour lui, ce n'était pas le roi qui créait l'assemblée; c'est l'assemblée qui créait le roi. La doctrine que le roi ne meurt jamais, que le trône ne peut jamais être vacant, aurait paru un jargon inintelligible à un homme qui avait vu vaquer le trône et avait contribué pour sa part à y faire monter un roi. La doctrine que le roi ne peut jamais mal agir aurait semblé non moins bizarre à un homme qui savait pouvoir être convoqué, au besoin, pour prendre part à la déposition d'un roi.

Trois des plus fameuses assemblées dont fasse mention l'histoire d'Angleterre ont toujours été un embarras dans le système de l'interprétation purement légale; pour un homme du onzième siècle, elles auraient paru parfaitement légitimes et régulières, aussi bien dans leur formation que dans leurs actes. L'assemblée qui, en 1399, déposa Richard II et nomma Henri IV, bien que convoquée par le *writ*

du roi, ne s'ouvrit pas en vertu de sa délégation, et
paraît avoir craint de prendre le nom de parlement, .
n'ayant agi que sous le nom d'états du royaume.
Comme si elle n'eût été en quelque sorte qu'une
assemblée irrégulière, elle semble avoir craint d'observer les formes usuelles d'un parlement régulier,
et, quoiqu'elle ait fini par exercer le plus grand des
pouvoirs parlementaires, elle eut peur, on croirait,
de regarder ses propres actes en face. Richard fut
déposé ; mais sa déposition se confondit avec une
résignation de la couronne de sa part, une requête
pour l'obtenir de la part d'Henri. Alors, comme il
y avait eu abandon de la couronne, on reconnut
qu'il devrait s'ensuivre les mêmes conséquences légales que si cet abandon avait résulté de la mort du
roi. On jugea que le Parlement qui avait été convoqué par le *writ* du roi Richard cessait d'exister au
moment que Richard cessait d'être roi, et que,
comme on ne trouvait pas bon de réunir un Parlement nouveau, le même Parlement se trouvait, par
une fiction légale, convoqué une seconde fois en
vertu du *writ* du roi Henri (10). Tous ces doutes et
ces difficultés, toutes ces finesses de légistes, auraient été complétement inintelligibles à un homme
du onzième siècle. Aux yeux de cet homme, le Grand
Conseil de la nation, le *Witan,* se serait assemblé,
par ordre du roi Richard ou sans ordre, peu lui
eût importé ; une fois assemblé, il aurait accompli

les deux plus grands actes nationaux, en déposant un roi et en en choisissant un autre ; cela fait, s'il y avait eu quelque autre affaire nationale à régler, aucune raison au monde n'eût pu l'empêcher de continuer ses travaux et de la régler.

Prenez maintenant une autre assemblée d'une égale importance dans notre histoire, la Convention qui vota le rappel de Charles II. Cette assemblée succéda à un Parlement qui avait risqué un acte plus violent encore que la déposition d'un roi, qui avait envoyé un roi régnant devant un tribunal et à l'échafaud (11). On n'estima pas, en 1649, que le Long Parlement eût cessé d'exister le jour que la tête de Charles Ier tomba sous la hache ; mais la doctrine qu'il aurait dû en être ainsi ne fut pas oubliée onze ans plus tard (12). Aussi, cette Convention, qui fut nommée aussi librement qu'aucun Parlement le fut jamais (13), en exécution du vote du Long Parlement expirant, fut-elle considérée, parce qu'elle avait été nommée ainsi et non en vertu d'un *writ* du roi, comme une assemblée dont la validité était douteuse. Cette Convention agit comme un Parlement ; elle rétablit le roi ; elle lui accorda un revenu ; elle fit même l'œuvre la plus étonnante de toutes, car elle se créa elle-même et vota un acte déclarant qu'elle était un Parlement légal (14). Malgré tout, cependant, on regarda comme plus sûr que tous les actes de cette Convention-Parlement fussent confirmés par le Parlement suivant, qui, lui, fut convoqué dans la due forme, par un *writ* royal.

Ces nouvelles fantaisies de la fiction, tout à fait dignes de la subtilité analogue par suite de laquelle la première année du règne de Charles fut appelée la douzième, auraient été encore complétement inintelligibles à notre homme du onzième siècle. Il aurait pu se rappeler que l'assemblée qui restaura Ethelred, — et qui le restaura sous condition, tandis que Charles n'eut pas de condition à subir — ne se fît pas scrupule de continuer son œuvre et d'adopter une série des plus graves mesures qui furent jamais votées par aucune de nos anciennes assemblées.

Une fois encore, plus tard, la Convention qui déposa Jacques et nomma Guillaume, sembla, comme celle qui avait déposé Richard et nommé Henri, douter de sa propre existence et s'effrayer de ses actes. Jacques fut déposé; mais l'assemblée qui le déposa n'osa pas dire le mot, et, de même qu'une abdication forcée avait paru convenable dans le cas de Richard, une abdication conclue de ses actes fut imaginée dans celui de Jacques (15). L'assemblée qui élut Guillaume, comme celle qui nomma Henri et celle qui rappela Charles, prolongea son existence à l'aide de la même fiction transparente d'un vote par lequel elle se déclara elle-même Parlement légal. De sages esprits estimaient à cette époque que, du moins dans les temps de révolution, un Parlement pouvait être appelé à l'existence par d'autres moyens que celui d'un *writ* du roi. Cependant on pensa qu'une garantie de surcroît était donnée à l'existence de celui-ci et à la validité de ses actes par le recours à ce mystérieux pouvoir de *self-creation*, une seconde fois exercé (16).

Une autre question fut encore posée sous le même règne, celle de savoir si un Parlement convoqué par le *writ-uni* de Guillaume et de Marie n'expirait pas à la mort de Marie et lorsque Guillaume régna seul. Cette subtilité ne fut énoncée que pour être dédaigneusement écartée; encore peut-il être sincèrement mis en doute si elle ne méritait pas l'attention, au moins autant que n'importe laquelle des subtilités analogues qui, dans les trois occasions précédentes, furent jugées d'une si grande importance (17). La sagesse instinctive des Anglais, aux jours où nous avions des lois, mais où ces lois n'étaient pas encore devenues un jouet pour l'esprit délié des légistes, aurait vu aussi peu de force dans les difficultés qu'on pensait alors nécessaire de lever par des actes solennels du Parlement que dans celle que ni l'une ni l'autre des deux Chambres n'estimèrent digne de la moindre discussion sérieuse.

Maintenant, qu'est-ce que la législation moderne a fait pour s'affranchir de ces expédients puérils et nous ramener aux doctrines plus simples de nos pères? Le Parlement est toujours convoqué par le *writ* du souverain; dans des temps paisibles, aucun autre moyen de le réunir ne saurait encore être plus commode. Mais, si des temps de révolution devaient jamais revenir, comme nous faisons toujours nos révolutions d'après un précédent, il est probable que nous aurions tiré quelque leçon des précédents révolutionnaires de 1399, 1660 et 1688. A chaque date, la fiction devient d'un degré moins subtile que dans le cas précédent. Les États du royaume qui déposèrent Richard devinrent le Parlement d'Henri par la fiction transparente de l'envoi de *writs* qui n'étaient pas et ne pouvaient pas être suivis d'élections réelles. La Convention qui rappela, — ne dirons-nous pas plutôt? qui nomma — Charles II, se transforma bien, il est vrai, en Parlement, mais on crut nécessaire de faire confirmer ses résolutions par un autre Parlement. Enfin les actes de la Convention de 1688 ne furent pas jugés avoir besoin d'aucune confirmation de ce genre. Chacune de ces différences marque un pas dans le retour à cette doctrine du sens commun que, si commode qu'il soit, dans les temps ordinaires, de réunir le Parlement par un ordre du souverain, ce n'est pas cependant de cet ordre, mais du choix du peuple que le Parlement tient sa réelle existence et les pouvoirs qui en sont inséparables.

Quant à l'autre conclusion de la doctrine des légistes, à cette conséquence que le Parlement est dissous *ipso facto* par une vacance de la couronne, de celle-là une législation plus rationnelle nous a complétement délivrés. Quoique nos Parlements modernes ne soient plus assemblés pour élire nos rois, cependant l'expérience et le sens commun nous ont appris que le moment où le souverain change est précisément celui où le Grand Conseil de la nation a besoin d'être en pleine vie et dans sa pleine activité. Par un statut de quelques années seulement plus récent que celui par lequel on résolut la question de savoir si le Parlement de Guillaume et de Marie expirait ou non par la mort de Marie, on déblaya le terrain de toutes les subtilités de ce genre, et ce fut la loi désormais que le Parlement qui existait au moment de la vacance de la couronne continuerait d'exister pendant six mois, à moins qu'il ne fût expressément dissous par le nouveau souverain. Aujourd'hui, on regarde comme si nécessaire qu'un nouveau souverain ait un Parlement tout prêt à agir avec lui, qu'un statut récent, prévoyant le cas, décide que, si une vacance de la couronne survenait pendant le court intervalle où il n'y a aucun Parlement existant, le dernier revivra *ipso facto*, et, à moins qu'il ne soit une seconde fois dissous, devra durer six mois encore. Ainsi, l'événement qui, par l'adresse perfide des légistes, était regardé comme ayant le pouvoir de détruire un Parlement, est aujourd'hui, grâce à la sagesse de la nouvelle législation, revêtu, au contraire, du pouvoir d'appeler un Parlement à l'existence. Voilà véritablement un de ces cas où « la lettre tue et l'esprit vivifie. » La doctrine qui avait été déduite par une logique irréfutable d'un principe absolument sans valeur, a été écartée en faveur de celle que dictait le sens commun. Nous avons appris que le moment où l'État a perdu celui qui en était la tête est le dernier à choisir pour le priver en même temps de son corps.

Voilà donc un exemple remarquable de la manière dont la plus récente législation de l'Angleterre est retournée aux principes de la plus ancienne. Voilà un point sur lequel le onzième siècle et le dix-neuvième s'accordent, et où les scrupules imaginaires des quatorzième et quinzième ont cessé d'être écoutés. Prenons un autre exemple. Dans la vieille constitution teutonique, tout comme dans la vieille constitution romaine, de vastes étendues de pays étaient la propriété de l'État : l'*ager publicus* à Rome, le *folkland* en Angleterre. A mesure que le pouvoir royal s'accrut, que le roi vint à être considéré de plus en plus comme la personnification de la nation, les terres du peuple furent aussi de plus en plus regardées comme les terres du roi (*a*), et le *folkland* de nos vieilles chartes

(*a*) **La loi des Ripuaires parle des bois communs, comme**

anglaises devint insensiblement la *terra regis* du *domesday*. Comme il arriva pour d'autres transformations de ce genre, la conquête normande ne fit que fortifier, en lui donnant son plein effet, une tendance qui se manifestait déjà en germe ; mais il n'est pas douteux que, jusqu'à la conquête normande, le roi ne se soit soumis du moins à la formalité de consulter son *Witan*, avant d'aliéner les terres du peuple pour en faire la possession d'un individu, ou, suivant l'expression consacrée du vieil anglais, avant de transformer le *folkland* en *bookland*.

Après la conquête normande, on n'entend plus parler des terres du peuple ; elles sont devenues les terres du roi, pour recevoir telle destination que leur assignerait son bon plaisir personnel. Depuis l'époque du premier Guillaume jusqu'à celle du troisième, on disposa des terres qui avaient jadis appartenu au peuple, sans aucun égard à la volonté de celui-ci. Sous un roi consciencieux, il se pouvait qu'elles fussent affectées au service réel de l'État, ou consacrées à la récompense de ses servi-

---

s'ils appartenaient au roi : *in silvâ communi, seu regis.* En 724, Childebert III dispose des communaux de Saverne. De nos jours, la loi de 1861 en Russie attribue la propriété exclusive des forêts aux seigneurs. En France, ces usurpations sont fréquentes surtout, et deviennent pour ainsi dire la règle aux xiie et xiiie siècles. La féodalité a suivi partout la même marche. (Voir un curieux et savant article de la *Revue des Deux Mondes : Comment les démocraties primitives se sont féodalisées.*)

teurs vraiment fidèles. Sous un roi sans conscience, il se pouvait aussi qu'elles fussent jetées à la volée à ses mignons ou à ses maîtresses. Aujourd'hui, ce vice encore a été corrigé. Une coutume aussi forte qu'une loi exige maintenant qu'au début de chaque nouveau règne, le souverain, non par un acte de bonté, mais par justice, restitue à la nation les terres que la nation a depuis si longtemps perdues. Les domaines royaux sont maintenant transférés pour qu'il en soit usé comme des autres revenus de l'État, et que le Parlement en dispose dans l'intérêt public. En d'autres termes, le peuple a reconquis son bien; on a mis fin à l'usurpation des jours de l'autorité étrangère. Dans cette circonstance encore, nous sommes retournés aux saines doctrines de nos pères ; la *terra regis* des Normands est une fois de plus devenue le *folkland* des jours de notre antique liberté.

Je noterai un cas encore, un cas cette fois où la réaction du bon sens antique contre les fantaisies des légistes s'est faite évidemment au profit, sinon de l'abstraction appelée la couronne, certainement du moins de son détenteur personnel. Aussi longtemps que le *folkland* resta la terre du peuple, aussi longtemps que notre monarchie garda son ancien caractère électif, le roi, comme tout autre individu, avait le droit d'hériter, d'acheter, de léguer, ou de faire n'importe quelle autre disposition à son gré, relativement aux terres qui, absolument comme celles qui appartenaient aux autres Anglais, étaient sa propriété privée. Nous avons les testaments de plusieurs de nos anciens rois, qui prouvent que le roi était à cet égard aussi libre que n'importe qui au monde (18). Mais dès que la fiction légale du droit héréditaire prit racine, dès que prit racine en même temps l'autre fiction des légistes, d'après laquelle les terres du peuple passaient pour être à la disposition personnelle du roi, on vit grandir une troisième fiction, en vertu de laquelle il était tenu pour certain que la personne et la charge du roi étaient si inséparablement unies, que toutes les propriétés privées que le roi pouvait avoir eues avant de monter sur le trône devenaient, par le fait même de son avénement, une partie et une parcelle du domaine royal.

Aussi longtemps que la couronne resta un office électif, l'injustice d'une pareille règle se serait démontrée elle-même; elle aurait paru à l'instant aussi déraisonnable que si l'on avait voulu soutenir que les propriétés privées d'un évêque devaient se fondre dans les propriétés de son siége. Aussi longtemps qu'il n'y eut aucune certitude que les enfants ou les autres héritiers du roi régnant devraient jamais lui succéder sur le trône, c'eût été le comble de l'injustice que de les priver ainsi de leur héritage naturel. L'élection d'un roi eût ainsi entraîné avec elle la confiscation de ses biens personnels. Mais lorsque la couronne fut regardée comme hérédi-taire, lorsque le *folkland* fut considéré comme la *terra regis*, on ne sentit plus cette rigueur. Le fils aîné fut pouvu naturellement par son droit de suc-cession au trône, et le pouvoir de disposer à son gré des terres de la couronne donna au roi le moyen de pourvoir au sort de ses plus jeunes enfants. Et encore cette doctrine n'en était-elle pas moins dé-raisonnable ; elle ne s'appuyait sur aucun fonde-ment, soit de justice naturelle, soit de législation ancienne; c'était une pure conséquence graduelle-ment sortie des théories arbitraires sur les pouvoirs et les prérogatives du roi. Aussi, à mesure que l'ancien état de choses reparut peu à peu, à mesure que l'on commença à sentir que les domaines de la couronne n'étaient pas la propriété privée du roi régnant, mais bien la véritable propriété du peuple — c'est-à-dire lorsque la *terra regis* retourna à son ancien état de *folkland* — on comprit qu'il était dé-raisonnable de priver le souverain d'un droit natu-rel qui appartenait à chacun de ses sujets. Les terres que, pour employer la forme la plus adoucie, le roi tenait en garde pour le service commun de la na-tion, furent dès lors employées de nouveau à son usage. Il était donc raisonnable qu'une restriction qui se rapportait à un état de choses passé fût abo-lie, et que les souverains, après avoir renoncé à un pouvoir usurpé qu'ils n'auraient jamais dû prendre, fussent rétablis dans la jouissance d'un droit naturel qui n'eût jamais dû leur être enlevé. De même que notre souveraine aujourd'hui tient à tant d'autres égards la place du roi Alfred, plutôt que celle des Richard et des Henri des temps postérieurs, de même jouit-elle aussi du droit dont jouissait le roi Alfred, le droit d'acquérir une propriété privée et d'en disposer, comme ferait n'importe quel autre membre de la nation.

Ces exemples suffisent, je l'espère, pour démontrer ma thèse. Dans chacun d'eux, la législation moderne a repoussé les systèmes arbitraires des légistes, et s'est inspirée des principes plus simples que la sagesse moins érudite de nos pères ne pensa jamais à mettre en question. Je pourrais facilement prolonger cette énumération. Tout acte qui a restreint les prérogatives injustes de la couronne, tout acte qui a maintenu ou accru, soit les pouvoirs du Parlement, soit la liberté des sujets, a été un retour, quelquefois à la lettre, toujours à l'esprit de notre ancienne législation. Mais je désirerais m'étendre sur un point seulement, le plus important de tous, et un point où nous pourrions sembler au premier abord, non pas du tout nous être rapprochés, mais nous être éloignés au contraire des principes de l'ancien temps. Je veux parler de ce qui concerne la succession à la couronne.

La couronne autrefois était, comme je l'ai déjà dit, élective. Personne n'avait de droit à régner, avant d'avoir été appelé aux fonctions royales par le choix de l'Assemblée de la nation. Personne n'était roi de fait avant d'avoir été admis à ces mêmes fonctions par la consécration de l'Église. Ces théories, que le roi ne meurt pas, que le trône n'est jamais vacant, qu'il ne peut y avoir d'interrègne, que le règne du plus prochain héritier commence au moment même où finit le règne de son prédécesseur, sont toutes des fictions de temps plus récents (*a*). On ne trouverait aucune trace de semblables doctrines à aucune époque antérieure à l'avénement d'Édouard Ier (19). La préférence décidée qui, dans les premiers temps, se portait sur les membres de la famille royale, et principalement sur le fils né d'un roi couronné, devint par degrés, sous les influences que la conquête normande affermit définitivement, la doctrine du droit héréditaire absolu. Cette doctrine grandit avec l'extension générale du pouvoir royal ; elle grandit au fur et à mesure que l'on en vint peu à peu à considérer la royauté comme une propriété occuppée par un seul homme à son propre profit, plutôt

---

(*a*) En effet l'avénement du souverain n'a pas toujours pris date du jour de la mort de son prédécesseur. Les doctrines des juristes ont néanmoins laissé leur empreinte dans la langue politique. La mort du roi n'est pas qualifiée *décès* (*death*), mai *démission* (*demise*).

que comme un office conféré par le peuple pour le bien commun du royaume.

Il pourrait sembler que, sous ce rapport du moins, nous n'avons pas progressé, que nous avons plutôt reculé. Car s'il est quelque chose de certain, c'est que la couronne est plus strictement, plus indubitablement héréditaire aujourd'hui qu'elle ne l'était au temps des Normands, des Angevins ou des Tudor. Mais une courte réflexion montrera que, même sur ce point, nous n'avons pas reculé, nous avons marché en avant. Je veux dire que nous avons progressé en reculant, en revenant, dans ce cas, non pas sans doute à la lettre, mais sûrement à l'esprit des anciens temps. La couronne est aujourd'hui plus indubitablement héréditaire qu'elle ne l'était au quinzième ou au seizième siècle ; mais c'est qu'elle l'est aujourd'hui en vertu de la loi ; c'est que ses pouvoirs sont nettement définis par la loi. La volonté du peuple, source de toute loi et de tout pouvoir (a), s'est manifestée, non pas dans la forme ancienne d'un choix personnel du roi à chaque vacance de la couronne, mais par un exercice tout aussi régulier de la volonté nationale, qui a jugé bon de substituer la couronne de père en fils dans une famille déterminée. C'est sous le règne

____

(a) Nous avons eu occasion, dans notre *Introduction*, de relever ce qu'il y a d'exagéré dans cette idée d'une force créatrice du droit attribuée à la volonté du peuple.

du dernier de nos rois élus que la couronne devint pour la première fois légalement héréditaire. Cette doctrine peut paraître surprenante, mais une étude impartiale de notre histoire y conduit inévitablement. Rien de plus plaisant que le traitement qu'a subi notre vieille histoire aux mains des purs légistes. C'est quelque chose, je dirais presque de pitoyable que les gaucheries et les méprises d'un écrivain comme Blackstone, incapable de comprendre que sa fiction légale du droit héréditaire n'était rien moins qu'éternelle, et cela tout en rencontrant à chaque pas des événements qui lui démontraient que dans les temps anciens une telle fiction était absolument inconnue (20).

Autrefois le roi n'était pas seulement élu; il passait par une double élection. J'ai déjà dit que le caractère religieux dont la plupart des nations ont tenu à investir leurs rois prit en Angleterre, comme dans la plupart des autres pays chrétiens, la forme d'une consécration ecclésiastique de la fonction royale. Nous observons encore cette forme; mais dans les temps modernes elle est devenue une pure forme, une cérémonie frappante sans aucun doute et instructive, mais enfin une pure cérémonie, qui n'investit le roi couronné d'aucun pouvoir qu'il ne possédât tout aussi bien avant d'être couronné. La mort du dernier roi met à l'instant son successeur en possession de tous les droits et de tous les pouvoirs royaux ; son couronnement n'ajoute rien à son autorité légale, si considérablement qu'il puisse accroître sa responsabilité personnelle envers Dieu et envers son peuple (a). Mais il n'en était pas ainsi dans le vieux temps. Le choix de l'Assemblée de la nation donnait au roi ainsi élu le droit seulement à devenir roi, mais ne le rendait pas roi. Le roi-élu ressemblait à l'évêque-élu. La recommandation de la couronne, l'élection par le chapitre, et la validation par l'archevêque donnent à une certaine personne le droit seulement à un certain siége, et ce n'est que le rite purement religieux de la consécration qui le rend effectivement évêque de ce siége. Ainsi en était-il autrefois du roi. Le choix du *Witan* le faisait roi-élu ; mais il fallait le couronnement ecclésiastique et l'onction pour le rendre roi. Cette cérémonie religieuse impliquait une élection. Choisi déjà pour la fonction civile par la nation dans son caractère civil, il était une seconde fois choisi par l'Église, c'est-à-dire par la nation dans son caractère religieux, par le clergé et le peuple assemblés dans l'église où la solennité du couronnement allait s'accomplir.

Cette seconde élection ecclésiastique doit tou-

(a) Un roi qui refuserait de se faire couronner et de prêter serment serait considéré comme s'il abdiquait ; mais tous ses actes jusque-là n'en resteraient pas moins valables.

jours avoir été une pure forme, puisque le choix
de la nation était déjà fait avant que la cérémonie
religieuse commençât. Mais l'élection ecclésiastique
survécut à l'élection civile. L'état de choses que les
légistes rêvent avoir existé dès le principe est une
loi de succession strictement héréditaire, suspendue
par d'accidentelles interruptions. Ces interruptions
qui, aux yeux de l'histoire, sont le simple exercice
d'un ancien droit, ne sont, à ceux des légistes, que
des révolutions ou des usurpations. Sans doute cet
état de choses, état où une règle invariable fut parfois violée et que Blackstone reporte dans ses rêves
aux dixième et onzième siècles, exista réellement à
partir du treizième et ensuite. Depuis l'avénement
du premier roi qui régna avant son couronnement,
Édouard Ier, la succession héréditaire devint la
règle en fait. Le fils, ou même le petit-fils du dernier roi (21), fut en général reconnu tout naturellement, sans rien qui pût à vrai dire s'appeler une
élection. Mais le droit du Parlement de régler l'ordre de succession fut constamment exercé, et à
chaque pas on recueille des indices qui prouvent
que l'ancienne idée d'une élection d'un genre encore
plus populaire n'était pas entièrement sortie de
l'esprit du peuple.

Deux rois furent solennellement déposés, et, à la
déposition du second, la couronne passa, comme
elle aurait pu faire dans les anciens temps, à une

branche de la maison royale qui n'était pas la plus proche dans la ligne de succession. Trois rois de la maison de Lancastre régnèrent en vertu d'un vrai titre parlementaire, et la doctrine du droit héréditaire irrévocable, la doctrine qu'il y avait dans telle ligne de succession une vertu particulière que le pouvoir du Parlement lui-même ne pouvait pas détruire, fut émise pour la première fois comme justification formelle des réclamations de la maison d'York (22). Ces réclamations en réalité ne pouvaient être formellement justifiées par d'autre argumentation que celle de la doctrine toute servile du droit divin; mais ce ne fut pas sur une pareille doctrine que la cause de la maison d'York s'appuya réellement. La liste soigneusement composée de grand'mères et arrière-grand'mères qui fut produite pour démontrer qu'Henri V était un usurpateur, n'eût jamais obtenu l'attention, si le gouvernement d'Henri VI ne se fût pas rendu complétement impopulaire, tandis que Richard, duc d'York, fut l'homme le plus populaire de son temps. Richard accepta un compromis parlementaire, qui impliquait naturellement le droit du Parlement à décider la question. Henri put garder la couronne pour la vie, et Richard dut remplacer le fils d'Henri en qualité d'héritier présomptif. C'est-à-dire que, suivant une coutume répandue en Allemagne, bien que rare en Angleterre, Richard fut choisi pour remplir une vacance au trône avant que cette vacance se fût produite (23). Le duc Richard périt à Wakefield ; suivant l'interprétation yorkiste de la loi, Henri fut alors déchu de son droit à la couronne, et Édouard, l'héritier d'York, vit le sien reconnu par un semblant d'élection populaire qui nous reporte en arrière aux époques les plus reculées. Le droit de Richard III, bien que nous le fondions sur d'autres raisons, fut reconnu de la même manière par un conseil qui rappelait du moins une assemblée populaire. Bref, quoique le principe héréditaire eût pris dès lors de profondes racines, quoique les querelles entre les prétendants à la couronne fussent principalement des querelles à propos du droit de succession, cependant le souvenir des jours où la couronne avait été véritablement le don du peuple n'était pas entièrement effacé.

Le dernier roi qui pouvait élever tout au moins l'ombre d'une prétention à avoir été choisi par la voix du peuple sous le dais des cieux, n'est personne autre que Richard III. Le dernier qui pouvait élever une prétention plus fondée à avoir été élu par la même voix sous les voûtes de Westminster, n'est personne autre qu'Henri VIII. Jusqu'à celui-ci l'ancienne cérémonie ecclésiastique usitée pour l'élection du roi se maintint dans la solennité du couronnement, et ce ne fut pas tout à fait en sortant

de son rôle qu'Henri dut publier un *congé d'élire* (a)
pour sa propre élection. Le projet pour le couronnement d'Henri subsiste encore écrit de sa propre
main, et, tout en contenant une affirmation énergique de son droit héréditaire, il renferme aussi une
disposition distincte relative à son élection par le
peuple dans la forme ancienne. Le titre d'Henri était
excellent. En effet un Parlement du règne de son
frère avait déclaré que la couronne resterait attachée à Henri VII et aux héritiers de son sang. Mais
ce fut dans ce cas que le droit héréditaire et parlementaire fut confirmé par l'ancien rite de l'élection
ecclésiastique pour la dernière fois dans notre histoire.

Son successeur ne fut pas ainsi manifestement
élu. Ce fut peut-être, entre autres raisons, parce
que, pour celui-ci, la forme était particulièrement
inutile. Le droit d'Édouard VI de succéder à son
père était en effet au-dessus de toute contestation.
Par un exercice du pouvoir parlementaire que nous
pouvons bien trouver étrange (b), mais qui n'en
était pas moins légal, Henri avait reçu le pouvoir

(a) En français dans le texte.

(b) N'est-il pas même entaché de nullité, de la part d'un Parlement que l'auteur lui-même a dépeint comme si lâchement servile ?
Et comment un corps élu, ou le corps électoral lui-même, dans
la doctrine de la souveraineté absolue de l'individu que professe M. Freeman, peut-il abdiquer un droit absolument inalié-
nable ? C'est là le nœud de la difficulté. Les **démocrates** français sont bien plus conséquents.

de léguer et de substituer la couronne comme il le jugerait bon. Ce pouvoir, il l'exerça en faveur de ses propres enfants dans l'ordre de filiation, et, à leur défaut ou à celui de leurs descendants, en faveur de la descendance de sa plus jeune sœur (24). Édouard, Marie, Élisabeth régnèrent donc tous légalement, en vertu du testament de leur père.

Une réflexion d'un moment montrera que Marie et Élisabeth ne pouvaient pas régner toutes les deux légalement en vertu d'un droit de succession héréditaire. Dans aucun système, catholique ou protestant, elles ne pouvaient être toutes deux filles légitimes d'Henri. Le Parlement, il est vrai, les avait déclarées toutes deux illégitimes; dans n'importe quel système, l'une ou l'autre aurait dû l'être (25). Mais chacune d'elles régna en vertu d'un titre parfaitement légal, à la faveur des dispositions de l'acte qui permit à leur père de régler l'ordre de succession suivant son bon plaisir. Tant qu'Élisabeth régna, toute divine qu'on pût la trouver dans sa propre personne, on ne pensa pas du moins qu'une autre personne eût quelque droit divin à lui succéder. La doctrine qui commença à prendre crédit sous ses successeurs eût été considérée de son temp comme un crime de lèse-majesté. Élisabeth savait où reposait sa force, et les Stuarts savaient où leur force, quelle qu'elle fût, reposait aussi. Au regard de la loi, le premier Stuart fut un usurpateur; il occupa le trône au mépris d'un acte du Parlement encore en vigueur, quoiqu'il obtînt bientôt un nouvel acte pour sauver son usurpation (26). Il n'est pas douteux qu'à la mort d'Élisabeth le droit légal à la couronne n'appartînt à la maison de Suffolk, aux descendants de Marie, la plus jeune sœur d'Henri. Mais les circonstances furent défavorables à leurs prétentions ; par un accord tacite, d'une sage politique, mais tout à fait en violation de la loi existante, la couronne passa sans bruit au roi d'Écosse, descendant de la sœur aînée d'Henri, Marguerite. Elle n'avait pas été nommée dans la substitution d'Henri ; ses descendants donc, tout héritiers en ligne directe qu'ils étaient de Guillaume et de Cerdic, n'avaient aucun titre légal à la couronne ; mais ce droit fut admis après que le roi Jacques fut entré en possession de la couronne. Les Stuarts furent ainsi amenés, comme les Yorkistes à une époque antérieure, à plâtrer la théorie du droit divin de succession héréditaire, dans le but de justifier une occupation du trône, qui ne trouvait aucune justification dans la loi anglaise (27).

Dans un jour mémorable, on rappela à un Stuart qu'un roi anglais tenait son droit au trône de la volonté du peuple. Quoi qu'on puisse dire d'ailleurs de la nature ou des actes du tribunal devant lequel Charles 1er fut accusé, ce tribunal ne fit que maintenir l'ancienne loi d'Angleterre, lorsqu'il déclara comment « Charles Stuart fut reconnu pour roi, et reçut avec ce titre le dépôt d'un pouvoir limité, afin de gouverner par les lois du pays, conformément à ces lois et non autrement. » Il ne fit que maintenir un principe qui avait été appliqué dans les cas nécessaires pendant neuf cents ans, quand il déclara à son prisonnier que « tous ses prédécesseurs, et lui avec eux, étaient responsables vis-à-vis des communes d'Angleterre. » Oubliant le sort de Sigebehrt et d'Æthélred, d'Édouard et de Richard, Charles osa en demander des exemples et répondit à ses juges que « le royaume d'Angleterre se transmettait par voie d'hérédité (*a*) et non de simple succession (28). » Après un temps, la dynastie des rois intrus disparut dans ce grand jour où le peuple anglais exerça pour la dernière fois son ancien droit de déposer et d'élire les rois. La Convention, dont nous avons si souvent parlé, cette grande assemblée, irrégulière aux yeux des légistes, mais en réalité la plus légale de toutes, parce qu'aucun *writ* royal ne l'avait convoquée, dispersa aux vents toutes ces fictions et ces subtilités, en proclamant la vacance du trône. Une véritable assemblée de la nation, une fois de plus, déploya sa plus haute puissance, et choisit pour roi Guillaume d'Orange, de même que, six siècles auparavant, une

(*a*) A quelque point de vue qu'on se place, il est incontestable au moins que le droit héréditaire fut toujours éventuel, jamais absolu. Le roi et le Parlement pouvaient, par une loi, appeler celui des héritiers qui leur agréait le plus.

autre assemblée nationale avait élu Harold, le fils de Godwine. Le cycle était révolu, et le peuple anglais avait reconquis les droits que ses pères avaient apportés avec eux de leurs antiques foyers par delà les mers. Et ce fut une rencontre heureuse que son choix remontât jusque chez ces peuples parents, et qu'un nouveau Guillaume traversât les mers pour réparer, après tant de siècles, les torts que l'Angleterre reprochait à son homonyme. De ce moment, sous le gouvernement d'un roi élu, l'Angleterre pouvait enfin, suivant son gré, donner à sa couronne une rigoureuse et permanente hérédité. L'acte d'établissement, comme nous savons, transmit la couronne à l'électrice Sophie et à ses héritiers. Aussi, n'est-il pas de rois qui aient jamais régné par un droit mieux fondé que ceux qui, en vertu de cet acte, ont été appelés au trône par l'action directe de la loi. Voilà vraiment des rois — des *cyningas* dans le sens le plus antique du mot — dont le pouvoir émane directement de la volonté de la nation.

Dans l'état actuel de nos institutions, le caractère héréditaire de notre royauté moderne n'a pas dévié des anciens principes ; il nous permet vraiment d'en faire une application plus complète sous une autre forme. Dans un ordre de choses primitif, aucune forme de gouvernement n'est si naturelle que celle que nous voyons effectivement prévaloir

chez nos ancêtres. Un instinct, qui n'était pas
un pur sentiment, demandait que le roi, dans
toutes les circonstances ordinaires, fût le descendant des premiers souverains. Mais l'opinion que
quelque talent personnel était nécessaire aussi imposait la règle que les électeurs eussent le droit de
choisir librement dans la maison royale. A l'époque
où les rois gouvernaient en même temps qu'ils ré-
gnaient, un tel choix, où entrait pour une bonne
part la considération des qualités personnelles du
roi choisi, était le meilleur moyen d'assurer la liberté et le bon gouvernement. Sous le régime d'une
constitution conventionnelle, où les rois règnent,
mais ne gouvernent pas, lorsqu'il est ouvertement
professé dans la Chambre des communes que c'est
à cette Chambre que les pouvoirs du gouvernement
ont passé (29), les intérêts qui étaient autrefois
mieux garantis par une royauté élective le sont
mieux aujourd'hui par une royauté héréditaire (a).
C'est ce que disait le roi spartiate : en diminuant les
pouvoirs de la couronne, on en a rendu la possession
plus durable (30). Un système politique comme le

(a) En apparence mieux assise, la royauté a été rejetée, à son
détriment, en dehors du mouvement de la nation. Dans l'état
de choses actuel et tel que l'a créé dans son ensemble le progrès démocratique, l'exercice des libertés a pour objet — définitif, quoique indirect — le choix du président du cabinet,
véritable chef du gouvernement. La porte est ainsi naturellement et pacifiquement ouverte à toutes les éventualités, en
sorte que l'assertion de l'auteur est encore plus vraie et porte
plus loin qu'il ne lui convient de le reconnaître lui-même.

nôtre serait inconsistant avec une royauté élective.
Un roi électif ne pourrait pas être chargé simplement de régner ; il gouvernerait assurément, ou essaierait de le faire. On n'a pas besoin de supposer qu'il tenterait de violer la loi écrite. Mais les pouvoirs que la loi écrite attache à la couronne, il chercherait certainement à les exercer suivant sa manière personnelle d'apprécier ce qui serait juste et utile. Et il serait sûrement justifié en agissant ainsi. Car le choix qu'on fait d'un homme personnellement pour qu'il soit roi, doit être regardé, en toute raison, comme impliquant l'idée que cet homme est personnellement capable d'accomplir l'œuvre du gouvernement. Ce serait alors un président ou un premier ministre nommé à vie, et qu'il n'y aurait aucun autre moyen de remplacer dans sa charge que l'exercice le plus extrême et le plus rare des pouvoirs du Parlement.

Il y a des conditions sociales où une monarchie élective est une forme de gouvernement préférable à une république ou à une monarchie héréditaire. Mais dans l'état actuel des nations civilisées de l'Europe et de l'Amérique, le choix est à faire entre la monarchie héréditaire et la république. Les circonstances de notre histoire ont fait de nous un état monarchique héréditaire, tout comme celles de l'histoire de la Suisse ont fait de ce pays une république fédérale. Or, aucune personne rai-

sonnable ne songera à désorganiser une institution qui, comme toutes celles de l'Angleterre,
s'est développée parce qu'elle était nécessaire (31).
Notre constitution non écrite, qui nous donne un
souverain héréditaire, mais en exigeant que son
gouvernement soit dirigé par des ministres qui
sont, dans la pratique, choisis par la Chambre des
communes, atteint en définitive le même résultat
que celui qu'on cherchait à obtenir par la royauté
élective de nos pères. Notre système donne à l'État
un chef personnel, une incarnation personnelle de
l'être national, qui concentre sur soi tous ces
sentiments de respect personnel et de personnel
dévouement qu'une partie considérable du genre humain trouve dur de considérer comme dus aux idées
plus abstraites de Loi et de République. Puis, quand
les devoirs de la royauté constitutionnelle sont remplis de la manière que notre propre expérience
nous apprend qu'ils peuvent l'être, la sensation qui
s'éveille en nous est plus que de la sympathie ;
c'est le sentiment raisonné d'un sincère respect
personnel.

Toutefois, si profondément différentes que soient,
par la forme extérieure, la royauté héréditaire de
nos temps modernes et la royauté héréditaire de
nos siècles antiques, elles ont toutes deux des points
de ressemblance qui ne se retrouvent pas dans la
royauté, sous la forme qu'elle prit aux âges inter-

médiaires. Dans notre ancien comme dans notre nouveau système, la loi existe pour le peuple ; dans les temps intermédiaires, on eût dit parfois que le peuple existait pour le roi. Dans notre ancien et dans notre nouveau système, le roi est revêtu d'une charge, dont les devoirs doivent être remplis pour le bien commun de tous. Dans les temps intermédiaires, on eût dit parfois que le roi avait été fait le maître d'une propriété, dont il n'avait qu'à jouir pour son plaisir et son profit personnels. Dans les siècles intermédiaires, on entend constamment parler des droits et des pouvoirs de la couronne comme de quelque chose d'étranger, d'hostile presque aux droits communs du peuple. Dans nos anciens temps et de nos jours, les droits de la couronne et ceux du peuple sont les mêmes, car il est reconnu que les pouvoirs de la couronne doivent être exercés pour le bien-être du peuple, sur l'avis et avec le consentement du peuple ou de ses représentants.

Sans nous laisser aller aux rêves des utopistes, sans nous dépeindre l'Angleterre d'il y a mille ans comme un paradis terrestre, la voix de l'histoire sérieuse nous enseigne avec certitude que ces temps reculés ont en réalité beaucoup de points de ressemblance avec les nôtres, beaucoup de points sur lesquels nous sommes véritablement plus voisins d'eux que des époques qui, si l'on ne calculait que les années, seraient beaucoup moins éloignées de nous. C'est qu'en effet le cercle s'est fermé, c'est que les jours de la loi étrangère ont été effacés, c'est que l'Angleterre est encore une fois l'Angleterre. Notre Souveraine aujourd'hui règne par un droit aussi bon qu'Alfred ou Harold, car elle règne par le droit qu'ils avaient eux-mêmes, par la volonté du peuple, incorporée dans l'acte du Parlement qui a rendu la couronne d'Alfred et d'Harold héréditaire dans ses ancêtres. Régnant par le droit qu'ils avaient eux-mêmes, elle règne aussi pour les mêmes fins, pour le bien commun de la nation dont les lois l'ont placée à sa tête. Aussi, le meilleur souhait que nous puissions faire à son royaume, c'est que cette couronne qu'elle possède si légitimement, qu'elle a si dignement gardée au milieu de deux générations de son peuple, elle puisse, comme Nestor autrefois, continuer de la porter, entourée de l'affection bien méritée d'une troisième génération encore.

NOTES

—

CHAPITRE PREMIER

(1) Ce que je dis d'Uri et des autres cantons démocratiques ne doit pas être mal compris, comme si j'acceptais les rêves maintenant abandonnés qui donnaient aux *Waldstädte* ou cantons forestiers une origine spéciale et une indépendance particulière, en dehors du reste de la Germanie. Les recherches des savants modernes ont démontré, non-seulement que les cantons forestiers faisaient partie de l'Empire comme leurs voisins, mais que différents seigneurs inférieurs, spirituels et temporels, y étaient possesseurs de droits variés. Si ces cantons acquirent leur indépendance complète, ou même s'affranchirent d'autres seigneurs et s'élevèrent au rang de *Reichsunmittelbarkeit* ou dépendances immédiates de l'Empire, ce fut l'œuvre du temps... Mais la suprématie universelle de l'Empire n'entraînait aucune intervention de sa part dans la constitution intérieure des districts, cités ou principautés, pas plus que cette intervention n'était nécessairement impliquée dans la dépendance établie vis à-vis d'un seigneur immédiat... Ce qui est particulier aux cantons forestiers, c'est que, tandis que partout ailleurs les vieilles communautés locales disparurent graduellement, dans ceux-ci elles survécurent, restèrent florissantes, et acquirent de nouveaux droits et de nouveaux pou-

voirs jusqu'à ce qu'elles devinssent des républiques absolument indépendantes. Je pense donc que j'ai le droit
de parler de la démocratie d'Uri comme ayant une antiquité immémoriale. Elle n'est pas immémoriale dans sa
forme pleinement développée, mais celle-ci sortit peu à
peu de formes primitives qui sont rigoureusement immémoriales et communes à toute la race teutonique.

Il n'est pas de sujet sur lequel on se méprenne plus
complétement que cette histoire primitive des cantons
démocratiques... On trouvera le résultat de toutes les
recherches sur cette question, sous la forme la plus
abordable, dans l'ouvrage de M. Albert Rilliet, *les Origines de la Confédération suisse* (Genève et Bâle, 1868).

(2-6) (*a*). Il y a quelques années, j'assistai en Suisse à
toutes les élections au *Bundesrath* ou conseil exécutif, et
je constatai que, dans l'espace de dix-huit ans, il était
arrivé seulement deux fois qu'un membre du conseil
demandât à être réélu sans l'obtenir...

(3-7) Du temps de ce qu'on appela la République hel-
vétique de 1798, les cantons cessèrent d'être des États
souverains, et devinrent de pures subdivisions, des espèces de comtés ou départements. L'une des premières
mesures de cette constitution abolit les anciennes démocraties des cantons forestiers... (*b*).

Le système fédéral fut en quelque sorte rétabli par
l'acte de médiation de Bonaparte, premier consul,
en 1803....

(*a*) Nous avons omis, comme il a été dit, les notes les moins
importantes : le second chiffre est celui du texte.

(*b*) Mais elle fonda la démocratie représentative par toute la
Suisse, en corrigeant ce qu'avait de trop exclusif l'organisation
étroite de la bourgeoisie. L'effroi qu'a de tout temps inspiré
à l'Angleterre notre Révolution ne lui a pas toujours permis
d'apprécier avec impartialité son heureuse influence.
Quant aux idées de Napoléon en 1803, elles ont paru assez
bonnes pour être reprises de nos jours mêmes par la Diète.

(4-13) La nature de la démocratie est définie par Périclès dans sa fameuse Oraison funèbre (II, 37) : ὄνομα μὲν διὰ τὸ μὴ ἐς ὀλίγους ἀλλ' ἐς πλείονας οἰκεῖν (a) δημοκρατία κέκληται· μέτεστι δὲ κατὰ μὲν τοὺς νόμους πρὸς τὰ ἴδια διάφορα πᾶσι τὸ ἴσον, κατὰ δὲ τὴν ἀξίωσιν ὡς ἕκαστος ἔν τῳ (b) εὐδοκιμεῖ... (Comme ce gouvernement a pour objet l'intérêt général, et non pas celui d'un petit nombre d'hommes, on l'appelle démocratie. Les lois assurent l'égalité à tous dans les procès particuliers ; quant au rang, il est en proportion du mérite de chacun) (c).

Elle est exposée plus clairement encore par Athénagore de Syracuse (*Thucydid.*, VI, 39), qui distingue nettement les fonctions des différentes classes dans une démocratie : ἐγὼ δέ φημι πρῶτα μὲν δῆμον ξύμπαν ὠνομάσθαι, ὀλιγαρχίαν δὲ μέρος, ἔπειτα φύλακας μὲν ἀρίστους εἶναι χρημάτων τοὺς πλουσίους, βουλεῦσαι δ' ἂν βέλτιστα τοὺς ξυνετούς, κρῖναι δ' ἂν ἀκούσαντας ἄριστα τοὺς πολλούς, καὶ ταῦτα ὁμοίως καὶ κατὰ μέρη καὶ ξύμπαντα ἐν δημοκρατίᾳ ἰσομοιρεῖν. (J'appelle peuple, l'ensemble de la nation ; oligarchie, une partie seulement des citoyens. Les plus sûrs gardiens de la fortune publique sont les riches ; les meilleurs conseillers sont les hommes instruits ; personne ne juge mieux, après avoir entendu, que la foule. Ces avantages se rencontrent également, séparés et réunis, dans la démocratie.) Ici la richesse et l'intelligence ont bien chacune leur sphère distincte. La même division à peu près est tracée par un écrivain qui pourrait en comparaison être suspecté d'aristocratie. Isocrate (*Aréop.*, 29) est d'avis que l'administration des affaires publiques devrait être immédiatement aux mains des hommes qui ont la richesse et le loisir, mais qu'ils agiraient en qualité de ser-

(a) Selon d'autres éditions ἥκειν.

(b) Il faut lire ἔν τῳ (pour ἔν τινι) et non ἐν τῷ, comme le porte à tort l'édition anglaise.

(c) Nous donnons notre traduction : l'auteur anglais n'a pas cru devoir en ajouter une aux textes qu'il rapporte.

viteurs du peuple, du peuple leur maître, — ou, comme il n'hésite pas à le dire, leur *tyran*, — ayant plein pouvoir pour récompenser ou punir : ἐκεῖνοι διεγνωκότες ἦσαν ὅτι δεῖ τὸν μὲν δῆμον ὥσπερ τύραννον καθιστάναι τὰς ἀρχὰς καὶ κολάζειν τοὺς ἐξαμαρτάνοντας καὶ κρίνειν περὶ τῶν ἀμφισβητουμένων, τοῖς δὲ σχολὴν ἄγειν δυναμένους καὶ βίον ἱκανὸν κεκτημένους ἐπιμελεῖσθαι τῶν κοινῶν ὥσπερ οἰκέτας, καὶ δικαίους μὲν γενομένους ἐπαινεῖσθαι καὶ στέργειν ταύτῃ τῇ τιμῇ, κακῶς δὲ διοικήσαντας μηδεμιᾶς συγγνώμης τυγχάνειν, ἀλλὰ ταῖς μεγίσταις ζημίαις περιπίπτειν. Dans un autre endroit (*Panath.*, 166), il parle d'une démocratie avec mélange d'aristocratie, et non d'oligarchie (τὴν δημοκρατίαν τὴν ἀριστοκρατίᾳ μεμιγμένην).

Le sens défavorable qui est souvent attaché au mot démocratie, quand il ne vient pas de la simple ignorance, a probablement sa source dans l'usage qu'Aristote a fait de ce mot. Il distingue (*Politic.*, III, 7) trois formes légales de gouvernement, la *royauté* (βασιλεία), l'*aristocratie* (ἀριστοκρατία), et ce qu'il appelle particulièrement πολιτεία ou *république*. Il indique trois corruptions de ces formes, la *tyrannie*, l'*oligarchie* et la *démocratie* (τυραννίς, ὀλιγαρχία, δημοκρατία), définissant la démocratie un gouvernement exercé au profit spécial des pauvres (πρὸς τὸ συμφέρον τὸ τῶν ἀπόρων). Il y a là quelque chose du mépris d'un philosophe pour tout gouvernement populaire, et il est certain que la façon de parler d'Aristote n'est pas celle qu'emploient ordinairement les historiens grecs. Polybe, comme Hérodote et Thucydide, se sert du mot démocratie dans son vieux sens honorable, et prend (II, 38) pour type spécial de cette forme de gouvernement la constitution de la ligue Achéenne, qui renfermait certainement en fait un élément considérable d'aristocratie : ἰσηγορίας καὶ παῤῥησίας καὶ καθόλου δημοκρατίας ἀληθινῆς σύστημα καὶ προαίρεσιν εἰλικρινεστέραν οὐκ ἂν εὕροι τις τῆς παρὰ τοῖς Ἀχαιοῖς ὑπαρχούσης. (On ne peut trouver un système d'égalité de droits et de liberté de parole plus complet, en un mot, de démocratie plus vraie,

d'organisation plus parfaite que chez les Achéens.)
Bref, ce qu'Aristote appelle πολιτεία, Polybe le nomme
δημοκρατία ; ce qu'Aristote nomme δημοκρατία, Polybe l'appelle ὀχλοκρατία.

(5-14) Il s'ensuit que, lorsque la république de Florence abolit les franchises de toutes les familles nobles,
elle perdit son droit au titre de démocratie....

(6-17) J'entends laisser le détail de ces matières aux
Orientalistes. Mais dans plusieurs endroits de l'Ancien
Testament on voit quelque chose qui ressemble fort à
une assemblée générale, où se combinent des distinctions de rangs entre les membres de cette assemblée
avec la suprématie d'un seul chef qui *commande à
tous* (a).

(7-18) Homère, *Iliad.*, XX, 4.

> Ζεὺς δὲ Θέμιστα κέλευσε θεοὺς ἀγορήνδε καλέσσαι
> Κρατὸς ἄπ' Οὐλύμποιο πολυπτύχου· ἡ δ' ἄρα πάντη
> Φοιτήσασα κέλευσε Διὸς πρὸς δῶμα νέεσθαι.
> Οὔτε τις οὖν Ποταμῶν ἀπέην, νόσφ' Ὠκεανοῖο,
> Οὔτ' ἄρα Νυμφάων ταί τ' ἄλσεα καλὰ νέμονται,
> Καὶ πηγὰς ποταμῶν, καί πίσεα ποιήεντα.

(Du haut de l'Olympe aux gorges profondes, Jupiter
donne l'ordre à Thémis de convoquer les dieux pour
l'assemblée. La messagère obéissante va partout les inviter à se rendre au palais de leur souverain. A l'exception de l'Océan, personne ne manque à l'appel, ni
un fleuve, ni une seule des nymphes qui habitent les
belles forêts, les sources des fleuves ou les prés à
l'herbe épaisse.)
Outre la présence des nymphes dans le céleste *Mycel
Gemot*, on pourrait remarquer aussi le rôle important

(a) On a justement fait remarquer que l'ancien état social
des Germains n'est pas autre chose qu'une des périodes du
développement régulier de tous les peuples. Les Germains ont
eu ceci de particulier qu'ils ne laissèrent pas dépérir chez eux
les germes de la liberté dont ils eurent une fois joui.

d'*Héré*, d'*Athéné*, et des autres membres féminins du conseil privé... (*a*).

(8-20) Pour l'intelligence complète de l'ἀγορή d'Homère, voir l'ouvrage de M. Gladstone, *Homère et l'âge homérique*. M. Gladstone, à mon avis, a beaucoup mieux compris que M. Grote l'esprit de l'antique constitution des Grecs.

(9-21). Nous n'avons pas besoin d'entrer dans l'examen de la primitive constitution romaine, de l'origine de la distinction entre les *patres* et la *plebs*, ou de tant d'autres questions qui ont soulevé les controverses furieuses des savants. Les trois éléments se retrouvent également dans la version historique et dans la version légendaire. Dans le premier livre de Tite-Live, Romulus réunit d'abord l'assemblée générale et choisit ensuite son sénat. Plus loin, nous voyons distinctement qu'on en appelle du roi ou plutôt des magistrats qui exercent l'autorité en son nom, à une assemblée qui, quelle que pût être sa constitution, est d'une nature plus populaire que le sénat.

(10-22) Il est à peine nécessaire de montrer comment les consuls romains prirent simplement la place des rois. Il est possible, comme on l'a pensé, que la révolution jeta aux mains des patriciens un pouvoir plus grand qu'auparavant, mais en tout cas le sénat et l'as-

---

(*a*) L'auteur, en cet endroit de son chapitre, fait allusion à la propagande, aujourd'hui très-active, poursuivie en Angleterre depuis 1832, en faveur des droits politiques des deux à trois millions de femmes qui, libres de leur personne, paient elles-mêmes l'impôt. A ce mouvement sont mêlés les noms d'hommes illustres, comme Richard Cobden, Stuart Mill, Disraëli (lord Beaconsfield), et de femmes de haute naissance, comme la vicomtesse Amberlay, belle-fille de lord John Russel, et Lady Langton, sœur du duc de Buckingham, entre autres. La chose n'est donc pas aussi frivole qu'on serait porté, chez nous, à le croire.

semblée fonctionnèrent exactement comme par le passé.

(11-26) Voyez mes articles sur « l'*origine de la nation anglaise (The origin of the English nation),* » et sur « *la prétendue persistance de la civilisation romaine en Angleterre (The alleged permanence of roman civilisation in England)*», dans la Revue de Macmillan, 1870.

(12-31) Cette coutume est décrite par Diodore dans son premier livre. Le prêtre énumérait d'abord les bonnes actions du roi et lui attribuait toutes les vertus possibles ; puis il prononçait une malédiction pour tout le mal qui avait été fait, absolvant le roi de tout blâme et demandant que la vengeance céleste retombât sur les ministres qui lui avaient donné de perfides conseils (τὸ τελευταῖον ὑπὲρ τῶν ἀγνοουμένων ἀρὰν ἐποιεῖτο, τὸν μὲν βασιλέα τῶν ἐγκλημάτων ἐξαιρούμενος, εἰς δὲ τοὺς ὑπηρετοῦντας καὶ διδάξαντας τὰ φαῦλα καὶ τὴν βλαβὴν καὶ τὴν τιμωρίαν ἀξιῶν ἀποσκῆψαι). Il concluait par quelque conseil moral ou religieux.

(13-38) Voyez la *Conquête normande (a)*, au premier volume, et les passages qui y sont cités. Je ne voudrais pas me mêler de sanscrit, mais je suis frappé de ce que les vues d'Allen et de Kemble ne sont pas incompatibles avec l'étymologie sanscrite *Ganaka*. Comme curiosité étymologique, il vaut la peine de noter que M. Wedgwood trouve que ce mot est « probablement identique au tartare *chan*. »

(14-43) Le meilleur exemple dans l'histoire d'Angleterre de la marche des choses qui transformait un royaume en province, en le faisant passer par l'état intermédiaire de seigneurie à demi indépendante, est l'histoire de la Mercie occidentale du sud sous son ealdorman Æthelred et la lady Æthelflæd, du temps d'Alfred et d'Édouard l'Ancien. Voir la *Conquête normande*, au premier volume.

(15-45) Homère, *Iliad.*, IX, 60.

(a) L'ouvrage capital de M. Freeman.

Καὶ μοὶ ὑποστήτω, ὅσσον βασιλεύτερός εἰμι.

(Et qu'il me cède, autant que je suis plus roi que lui.

(16-46) Les exemples d'un grand royaume se décomposant en un grand nombre de petits États matériellement indépendants, mais qui reconnurent la supériorité nominale du successeur du souverain originaire, ne sont pas rares. J'ai trouvé quelque chose à en dire, dans mes *Essais historiques*, pour l'empire, et pour le califat, dans mon ouvrage *Histoire et Conquêtes des Sarrasins*. L'historique de cette même marche des événements dans l'empire mongol aux Indes a été exposé par lord Macaulay dans ses *Essais* sur lord Clive et Warren Hastings. Mais il n'aurait pas dû comparer le Grand Mogol et sa souveraineté nominale avec « le benêt le plus nul de tous les derniers Carlovingiens, » ces Carlovingiens que sir Francis Palgrave a relevés d'un mépris immérité. La dissolution du grand royaume occidental n'est rien moins qu'un exemple de la même loi. Ce qu'il y faut remarquer surtout, c'est la manière, ou plutôt ce sont les trois différentes manières dont les membres dispersés de ce royaume se sont rejoints pour former la Germanie, l'Italie et la France.

Ce genre de démembrement, où une suprématie nominale reste encore au souverain originaire, doit être distingué de celui où un pays retombe sous la domination de ducs ou seigneurs, après une période de gouvernement royal. Dans ce dernier cas, il semblerait qu'aucune souveraineté centrale ne persista.

(17-47) Je suppose qu'il est à peine nécessaire maintenant de prouver le caractère électif de la vieille royauté anglaise. J'ai dit ce que j'avais à en dire au premier volume de la *Conquête normande*. Mais je puis citer un très-remarquable passage du rapport que firent en 787 au pape Adrien Ier ses légats en Angleterre, Georges et Théophylact (Haddan et Stubbs, *Councils and Ecclesiastical Documents*) : « Sanximus ut in ordinatione regum nullus permittat pravorum prævalere assensum : sed legitimi reges a sacerdotibus et senioribus populi eligantur. » On aimerait à savoir qui étaient ces « *pravi* » dénoncés ici. Cette décision a tout l'air d'une restriction de franchises ou de quelque intervention dans la liberté d'élection, mais en tout cas elle porte témoignage du caractère électif de notre ancienne royauté, et du caractère général tout populaire de la constitution.

(18-48) J'ai décrit les pouvoirs du Witan, comme je les comprends et comme ils ont été compris par M. Kemble, au premier volume de la *Conquête normande* et dans quelques-unes des notes qui composent l'appendice de ce volume. En ce qui concerne les pouvoirs du Witan, je ne vois aucune différence entre mes propres vues et celles du professeur Stubbs dans son *Esquisse pour servir d'introduction à ses Chartes choisies* (*Introductory sketch to his Select Charters*), où les relations entre le roi et le Witan, et le caractère général de notre ancienne constitution sont exposés avec une puissance et une clarté étonnantes. Mais où je me trouve différer tout à fait d'avis avec lui, c'est pour ce qui regarde la constitution du Witenagemot. Je considère le Witenagemot comme une assemblée de tout le royaume, sur le modèle des petites assemblées du comté et d'autres divisions inférieures. M. Stubbs admet pleinement le caractère populaire des petites assemblées, mais refuse tout caractère de ce genre à la convocation nationale. Il est dangereux de se mettre en opposition avec notre maître à tous dans l'histoire constitutionnelle de l'Angleterre, mais je prie instamment le lecteur de peser ce que je dis dans l'appendice à mon premier volume de la *Conquête normande.*

(19-50) J'ai mentionné tous les exemples au premier volume de la *Conquête normande* : Sigeberht, Æthelred, Harthacnut, Édouard II, Richard II, Jacques II. Il est remarquable que presque tous ces rois sont les seconds

de leur nom ; car, sans compter Æthelred, Édouard,
Richard et Jacques, Harthacnut pourrait très-bien être
appelé Cnut II.

(20-52) Le texte original du chant de Maldon se
trouve dans les Analecta anglo-saxons de Thorpe. L'extrait que je donne est tiré de la version en anglais moderne que j'ai essayée dans mon *Histoire du vieil anglais (Old English history)*...

(21-53) L'histoire de la clientèle chez les Romains est
encore un de ces points sur lesquels la légende, l'histoire
et la science ingénieuse des modernes arrivent exactement à la même conclusion, en ce qui concerne du
moins notre objet actuel. Que les clients fussent ou
non la *plebs*, de toute façon les patriciens n'entraient jamais dans la clientèle, et ce fait à lui seul achève le
contraste avec les institutions teutoniques.

(22-54) Le titre de *Dominus*, impliquant l'idée de maître d'esclaves, fut toujours refusé par les premiers
empereurs. Suétone et Dion le racontent d'Auguste, et
plus positivement encore de Tibère. Tibère refusa aussi
le titre d'*Imperator*, autrement que dans le sens rigoureusement militaire : οὔτε γὰρ δεσπότην ἑαυτὸν τοῖς ἐλευθέροις
οὔτε αὐτοκράτορα πλὴν τοῖς στρατιώταις καλεῖν ἐφίει. Aurélius
Victor (Cass., XXXIV, 4), dit que Caïus fut appelé *Dominus*, et cela ne fait pas doute pour Domitien. Pline dans
ses lettres donne constamment à Trajan le titre de *Dominus* ; et cependant dans son Panégyrique, il marque
bien la distinction : « Scis, ut sunt diversa natura domi-
natio et principatus, ita non aliis esse principem gratiorem
quam qui maximè dominum graventur. » (Vous le sa-
vez, si la nature a profondément séparé le pouvoir du
maître et celui du prince, le prince est surtout agréable à ceux qui ne peuvent supporter le maître). Voilà
qui dénote, sous Trajan, un retour aux sentiments et
aux coutumes des temps antérieurs. L'usage définitif
et formel de ce titre semble s'être établi avec l'intro-

duction de l'étiquette orientale sous Dioclétien. Il est prodigué par les derniers panégyristes, Eumène, par exemple : « Domine Constanti, » « Domine Maximiane, Imperator æterne, » et ainsi de suite.

(23-51) Vitellius (Tacit., *Hist.*, I, 58) fut le premier à employer les chevaliers romains dans des offices jusque-là toujours remplis par des affranchis ; mais le système ne fut complétement établi qu'à l'époque d'Adrien.

(24-57) Les deux mots *hláford* et *hlœfdige* (*lord* et *lady*) sont très-embarrassants pour ce qui est de l'origine de la dernière syllabe. Il suffit à mon dessein qu'on m'accorde le rapport de la première syllabe avec *hláf*. Toutes différentes que soient l'origine du mot saxon et celle du mot latin, *hlaford* traduit toujours *dominus*. Le français *seigneur*, et ses formes correspondantes en italien et en espagnol, viennent du latin *senior*, et servent d'équivalent à *dominus*. C'est là un de ces mots en nombre considérable qui répondent à notre *Ealdorman*.

(25-58) Ce sujet est traité tout au long dans Palgrave, *République anglaise* (*English Commonwealth*), au premier volume.

(26-63) Barbour, Bruce :

« A ! fredome is A noble thing ! »

Hérodote longtemps auparavant avait dit aussi : ἡ ἰσηγορίη ὡς ἔστι χρῆμα σπουδαῖον.

CHAPITRE II

(1) Dans le grand manifeste poétique du parti patriote sous Henri III (*a*), imprimé dans le recueil des *Chants politiques de l'Angleterre* de Wright (Wright's *Political Loys of England (Camden Society,* 1839), il semble qu'on ne demande d'aucune manière de nouvelles lois, qu'on réclame seulement la promulgation et l'observation des anciennes. Voici en entier le passage que j'ai choisi pour devise :

> « Igitur communitas regni consulatur ;
> Et quid universitas sentiat sciatur,
> Cui leges propriæ maxime sunt notæ.
> Nec cuncti provinciæ sic sunt idiotæ,
> Quin sciant plus cæteris regni sui mores,
> Quos relinquant posteris hi qui sunt priores.
> Qui reguntur legibus magis ipsas sciunt ;
> Quorum sunt in usibus plus periti fiunt ;
> Et quia res agitur sua, plus curabunt,
> Et quo pax adquiritur sibi procurabunt. »

(Ainsi, que l'on consulte la communauté, et qu'on sache ce que pense l'universalité des citoyens, qui connaît par excellence les lois qui lui conviennent. Le peuple entier n'est pas tellement ignorant qu'il ne voie mieux que personne les coutumes de l'État dignes d'être transmises aux générations suivantes par celles qui précèdent. Ceux qui font les lois qui les régissent, les comprennent mieux ; ceux qui les expliquent en prennent une plus grande expérience ; comme il s'agit de leur

(*a*) A l'époque du *parlement enragé (mad parliament)*, comme l'appelaient les royalistes.

affaire propre, ils veilleront avec plus de soin, et sauront trouver ce qui assure la paix).

(2) Sur le renouvellement des lois d'Édouard par Guillaume, voir la *Conquête normande*, au quatrième volume, et les *Documents* de Stubbs. Il faut noter que les lois d'Édouard furent encore confirmées par Henri Ier, et, comme la Grande Charte est sortie de celle d'Henri Ier proposée par l'archevêque Étienne Langton en 1213, la filiation de la Charte remontant aux lois d'Édouard est très-simple. Voici les expressions du primat qui dit positivement qu'il a fait jurer au roi Jean de renouveler les lois d'Édouard : « Audistis quomodo, tempore quo apud Wintoniam regem absolvi, ipsum jurare compulerim, quod leges iniquas destrueret et leges bonas, videlicet leges Eadwardi, revocaret et in regno faceret ab omnibus observari. » Il faut se rappeler que cette expression, les lois d'Édouard, ou les lois de n'importe quel autre roi, ne signifie pas réellement un code de lois composé par ce roi, mais simplement la manière dont on appliquait la loi, et la condition politique générale sous le règne de ce roi. Voilà tout ce qu'on voulait dire en parlant de faire revivre les lois d'Édouard au temps de Guillaume. On entendait simplement que Guillaume devait gouverner comme ses prédécesseurs anglais avaient gouverné avant lui. Cependant, du temps du roi Jean, il n'est pas douteux qu'on n'ait commencé à considérer Édouard, récemment canonisé, comme un législateur, et à s'imaginer qu'il y avait réellement un code composé de ses lois et qu'il fallait mettre en vigueur.

Sur les diverses confirmations de la Grande Charte, voyez Hallam, *Moyen âge*.

(3) Macaulay : « Lorsqu'on leur dit qu'il n'y avait aucun précédent pour déclarer le trône vacant, ils allèrent chercher dans les archives de la Tour un rouleau de parchemin, vieux de près de trois cents ans, sur lequel, en bizarres caractères et en latin barbare, il était con-

signé que les états du royaume avaient déclaré vacant le trône d'un perfide et tyrannique Plantagenet. »...

(4-7). Je soupçonne que dans toutes les anciennes assemblées, et non pas dans celle de Sparte seulement, κρίνουσι βοῇ καὶ οὐ ψήφῳ. Nous avons un reste de cette coutume dans le cri de « Aye » et « No », dont le vote actuel est un pur souvenir, exactement comme la division ordonnée par Sthénélaïdas quand il déclara qu'il ne savait pas dans quel sens était l'acclamation (a).

(5-16)

> « Nunquam libertas gratior exstat
> Quam sub rege pio. »
>
> (CLAUDIEN, II, *Cons. Stil.* 114.)

(6-17) Macaulay : « L'Angleterre doit d'avoir évité de telles calamités à un événement que les historiens ont généralement représenté comme désastreux. Son intérêt était si directement opposé à celui de ses chefs qu'elle n'avait rien à espérer que de leurs fautes et de leurs malheurs. Les talents et même les vertus de ses six premiers rois français furent une malédiction pour elle. Les folies et les vices du septième la sauvèrent... »

(7-21) On dit généralement, en parlant de la famille angevine, les Plantagenets ; mais ce surnom ne fut ja-

(a) Le lecteur nous saura peut-être gré de lui rappeler le fait : il est intéressant. L'éphore Sthénélaïdas, contrairement à l'avis plus mesuré du roi Archidamos, avait proposé, en quelques mots énergiques, qu'on déclarât immédiatement la guerre à Athènes. Ce devait être celle qui est restée si célèbre sous le nom de guerre du Péloponnèse. Pressé d'en finir et de profiter, séance tenante, de l'immense émotion qu'il avait produite, il feignit, en effet, de n'avoir pas compris si le cri de l'assemblée était favorable ou contraire à sa motion, et demanda que ceux qui voulaient la guerre passassent d'un côté, ceux qui préféraient l'atermoiement, de l'autre. On sait le résultat.

mais employé avant le quinzième siècle. Il peut convenir quelquefois, mais n'est pas réellement une désignation exacte, comme les mots de Tudor et de Stuart, tous deux véritables surnoms, portés par les deux familles avant qu'elles arrivassent au trône. Dans les almanachs, les Angevins sont appelés : « la ligne saxonne restaurée », qualification qui donne une idée fausse, bien qu'on ne puisse douter qu'Henri II ne comprît parfaitement les avantages qu'il pourrait retirer de sa descendance éloignée par les femmes des rois de la vieille Angleterre. Le point important à bien noter, c'est que l'avénement d'Henri est le commencement d'une dynastie distincte qu'on ne pourrait appeler ni normande, ni anglaise d'aucune manière, même la plus indirecte.

(8-22) Je n'ai souvenir de rien dans aucun des historiens de l'époque d'Henri II qui vienne à l'appui des idées populaires sur les « Normands et les Saxons », considérés comme des parties distinctes et hostiles de la nation... (a). La position particulière d'Henri II était quelque chose comme celle de l'empereur Charles-Quint, celle d'un prince régnant sur un grand nombre d'États distincts, sans être identifié pour la nationalité avec aucun d'eux. Henri gouvernait l'Angleterre, la Normandie et l'Aquitaine, mais n'était ni Anglais, ni Normand ni Gascon (b).

(9-23) Du moins la plus grande partie, la partie continentale du duché. La portion insulaire de la Normandie comprenant les îles de la Manche, ne fut pas perdue, et reste encore attachée à la couronne d'Angleterre, non pas il est vrai comme partie intégrante du Royaume

(a) La dernière grande conspiration saxonne ne datait pourtant pas de loin. En 1137, on devait, à jour fixe, massacrer tous les Normands du royaume.

(b) Peut-être convient-il de rappeler que sa mère était la fille de la Saxonne Édithe, du sang de Cerdic.

Uni, mais comme dépendance séparée. Voyez la *Conquête normande*, au premier volume.

(10-27) Il faut se rappeler que les immunités cléricales réclamées à cette époque n'étaient en aucune manière restreintes à ce que nous appellerions aujourd'hui le clergé, mais s'étendaient aussi à cette classe considérable de personnes qui tenaient de petits offices ecclésiastiques, sans être entrées, comme nous dirions, dans les saints ordres. L'Église prétendait aussi à la juridiction dans les causes où étaient intéressés les veuves et les orphelins, et dans les cas variés où intervenaient des questions de parjure, de manque de foi et autres pareilles. Ainsi Jean, évêque de Poitiers, écrit à Thomas Becket pour se plaindre que les officiers du roi l'ont empêché d'entendre les causes des veuves et des orphelins, et de juger en matière d'usure... Voilà qui donne une signification toute particulière aux acclamations qui accueillirent Thomas Becket, à son retour, comme « le père des orphelins et le juge des veuves : » « Videres mox pauperum turbam quæ convenerat in occursum, hos succinctos ut prævenirent et patrem suum applicantem exciperent, et benedictionem præriperent, alios verò humi se humiliter prosternentes, ejulantes hos, plorantes illos præ gaudio, et omnes conclamantes : Benedictus qui venit in nomine Domini, pater orphanorum et judex viduarum ! et pauperes quidem sic. » (On eût pu voir bientôt la foule des pauvres se presser à sa rencontre, les uns s'élançant pour prendre les devants, recevoir leur père au moment même où il aborderait, et emporter les premiers sa bénédiction ; les autres se prosternant humblement à terre, ceux-ci gémissant, ceux-là pleurant de joie, tous s'écriant ensemble : « Béni celui qui vient au nom du Seigneur, le père des orphelins et le juge des veuves ! Voilà comme le reçurent les pauvres. » (Giles, *Vie de saint Thomas*.) Voir pour plus de détails mes *Essais historiques*.

(11-29) L'une des constitutions de Clarendon défendait qu'on ordonnât les vilains sans le consentement de leur seigneur... Dans les principes de la loi féodale, on ne peut rien dire contre cette loi, le seigneur ayant sur le vilain un droit de propriété qu'il eût perdu par son ordination. Cette prohibition est rappelée dans quelques vers curieux du plus ancien biographe de Thomas Becket, Garnier de Pont-Sainte-Maxence (la *Vie de saint Thomas le martyr*. Paris, 1859, p. 89), où il affirme énergiquement l'égalité du gentilhomme et du vilain devant Dieu :

> « Fils à vilains ne fust en nul liu ordenez
> Sanz l'otrei sun seigneur de cui terre il fu nez.
> Et deus à sun servise nus a tuz apelez !
> Mielz valt filz à vilain qui est preux et senez,
> Qui ne feit gentilz hum failliz et debutez. »

Quant à Thomas Becket, il n'était pas fils de vilain, mais son origine était assez humble pour que le roi pût le tourner en ridicule comme « plebeius quidam clericus. »

(12-30) Nous sommes loin de voir une faute dans un choix comme celui d'Etienne Langton ; encore est-il vrai que son élection forcée sur l'ordre d'Innocent fut une atteinte évidente aux droits du roi, du couvent de Christ-Church et de la nation anglaise en général...

(13-32) Il y a un traité particulier sur les miracles de Simon de Montfort, imprimé avec la chronique de Rishanger par la Société Camden, 1840.

(14-34) Cette lettre, adressée en 1247 au pape Innocent IV, se trouve dans Mathieu-Paris. Elle est écrite au nom de « universitas cleri et populi per provinciam Cantuariensem constituti, » et elle se termine ainsi : « quia communitas nostra sigillum non habet, præsentes litteras signo communitatis civitatis Londinensis vestræ sanctitati mittimus consignatas »...

(15-35) L'auteur des Gestes d'Étienne attribue positivement l'élection d'Étienne aux citoyens de Londres... Ainsi encore, quand le légat Henri, évêque de Winchester, tint un conseil pour l'élection de l'*emperesse* Mathilde, les citoyens de Londres furent convoqués, et il est dit très-clairement qu'ils avaient le rang de nobles ou barons : « Londonienses (qui sunt quasi optimates, pro magnitudine civitatis, in Anglia). » « Londonienses qui præcipui habebantur in Anglia, sicut proceres. » Tout cela rappelle exactement les anciennes élections des rois avant la conquête.

(16-37) Ces premières traces de représentation parlementaire ont été soigneusement relevées par Hallam, *Moyen âge.*) On peut encore les suivre plus exactement dans l'ouvrage du professeur Stubbs...

(17-13) Voici un échantillon des poésies où l'on pleure la mort du comte Simon en demandant son intercession :

> « Salve, Symon Montis fortis,
>   Totius flos militiæ,
> Durus pœnas passus mortis,
>   Protector gentis Angliæ.
> Sunt de sanctis inaudita
> Cunctis passis in hac vita,
>   Quemquam passum talia;
> Manus, pedes, amputari,
> Caput, corpus, vulnerari,
>   Abscidi virilia.
> Sis pro nobis intercessor
> Apud Deum, qui defensor
>   In terris exstiteras. »

(Chants politiques.

(Salut, Simon de Montfort, fleur de notre armée, victime intrépide dans le cruel supplice de ta mort, protecteur du peuple anglais ! On n'a pas ouï dire que, parmi tous les saints qui ont souffert dans cette vie, aucun ait jamais subi un tel martyre : les mains, les pieds coupés ;

la tête, le corps criblés de blessures ; la virilité muti-
lée. Sois notre intercesseur auprès de Dieu, toi qui étais
notre défenseur sur la terre.)

Extrait d'un poëme en français :

« Mès par sa mort, le cuens Mountfort conquist la victorie,
Come ly martyr de Caunterbyr, finist sa vie ;
Ne voleit pas li bon Thomas qe perist seinte Eglise,
Le cuens auxi se combati, e morust sauntz feyntise.
Ore est ocys la flur de pris, qe taunt savoit de guerre,
Ly quens Montfort, sa dure mort molt emplorra la terre. »

. . . .
. . . .

« Sire Simoun ly prodhom, e sa compagnie,
En joie vont en ciel amount, en pardurable vie. »... (a).

(18-44) Pour la convocation accidentelle et irrégulière
des membres des bourgs entre 1265 et 1295, voir Hallam (*Moyen âge*); et mieux encore les *Chartes choisies* de
Stubbs, où le développement graduel de la représentation parlementaire est traité, comme il ne l'a jamais été
jusqu'ici, avec l'indication la plus complète de toutes les
autorités. Les termes dans lesquels les chroniques parlent de la constitution des anciens parlements d'É-
douard sont aussi vagues que ceux qui décrivent nos antiques *Gemots*... Mais dans une dernière assemblée, qui
se tint en 1273, avant qu'Edouard fût rentré en Angleterre, les annales de Winchester nous expliquent
comment « convenerunt archiepiscopi et episcopi, comites et barones, et *de quolibet comitatu quatuor milites
et de qualibet civitate quatuor*. » Le fait ici rappelé et la

(a) Le comte de Leicester (fils puiné, comme on sait, de
notre fameux comte de Montfort) fut tellement estimé dans son
pays natal qu'à la mort de Blanche de Castille et en l'absence
de saint Louis, la noblesse française ne voulut offrir la régence
à personne autre avant lui. Un fait que passe sous silence l'auteur, c'est qu'à son Parlement de 1265, il n'appela qu'une
partie des pairs temporels, violant ainsi la Grande Charte.

11.

convocation au Parlement de 1285, qui siégea pour juger David le Gallois (*a*), paraissent les deux exemples les plus clairs d'une représentation des bourgs antérieure à 1295, époque où elle devint la règle.

(19-48) Le grand statut de lèse-majesté du règne d'Édouard III protége la vie du roi, de sa femme et de son fils aîné, et l'honneur de sa femme, de sa fille aînée et de la femme de son fils aîné ; mais le privilége personnel ne s'étend pas plus loin. Comme la loi anglaise ne connaît pas d'autre classe d'hommes que les pairs e les roturiers, il s'ensuit que les plus jeunes enfants du roi — l'aîné naît duc de Cornouailles — sont, à strictement parler, des roturiers, à moins qu'ils n'aient été portés expressément à la pairie. Je ne sais pas si le cas s'est jamais présenté, mais je ne vois pas que rien empêche un fils de roi, n'étant pas pair, de prendre part à une élection, ni d'être nommé à la Chambre des communes, et je trouverais tout naturel que, s'il commettait un crime, il fût traduit devant un jury.....

(20-50) Sur ce grave changement constitutionnel, qui eut lieu en 1664, sans acte du Parlement et par une simple convention verbale entre l'archevêque Sheldon et le lord chancelier Clarendon, voir Hallam, au second volume de l'*Histoire constitutionnelle*.

(21-52) La question des deux Chambres dans une monarchie et une république ordinaires est tout à fait différente de la même question dans un état fédératif. En Angleterre ou en France, que la législature se compose d'une chambre ou de deux, c'est là une question où la législature elle-même n'a qu'à choisir l'alternative qui

---

(*a*) La sentence des comtes et barons assemblés fut horrible et exécutée dans toute son horreur. C'est depuis le supplice du dernier des antiques souverains Gallois, condamné comme traître pour avoir défendu l'indépendance de son pays, que l'héritier présomptif de la couronne d'Angleterre porte le titre de *Prince de Galles*.

lui convient le mieux. Mais où la constitution est fédérale, comme en Suisse ou aux États-Unis, les deux chambres sont absolument nécessaires. Les deux souverainetés, celle de la nation entière et celle des États indépendants et égaux qui se sont réunis pour la former, ne peuvent être vraiment représentées que s'il existe deux chambres, l'une, la *Nationalrath* ou chambre des représentants, qui représente directement la nation, en tant que nation ; l'autre, le *Ständerath* ou sénat, qui représente la souveraineté individuelle des cantons. Dans la discussion sur la révision de la constitution fédérale suisse, une proposition faite dans la *Nationalrath* pour l'abolition du *Ständerath* a été repoussée à une grande majorité.

(22-55) « Les deux chambres s'étaient violemment querellées, en 1675, à l'occasion de la juridiction d'appel des lords ; elles s'étaient querellées avec non moins d'animosité, en 1704, pour la juridiction des communes ; à propos d'élections, avec violence encore, en 1770, comme on insistait pour l'exclusion des étrangers. Mais sur les mesures générales de politique nationale, leurs dissentiments avaient été rares et sans importance (a). » (*Histoire constitutionnelle* de May, premier volume.) L'écrivain poursuit en montrant pourquoi les différends entre les deux chambres sur les points importants sont devenus moins communs dans les temps tout récents.

(23-56) Il est à peine nécessaire d'insister sur la part

(a) Un exemple curieux se rapporte à l'an 1558. La Chambre basse se plaignit vivement de ce que la Chambre haute lui avait fait remettre ses amendements à un projet de loi, transcrits sans cérémonie sur simple papier, et non, comme il eût convenu, sur parchemin.

On sait que la séparation définitive des deux Chambres eut lieu sous Richard II, en 1377. C'est cette année-là même que la Chambre des communes eut son premier *speaker*, le chevalier Pierre de la More.

que prenait le Witan à la nomination des évêques, Ealdormen et autres grands officiers... Le morceau le plus
curieux où il en soit question est le grand manifeste
poétique que j'ai déjà cité plusieurs fois. On y présente
comme un des torts à la charge d'Henri III la prétention qu'il élevait de se réserver la nomination aux
grandes charges de l'État. Le passage est long, mais il
vaut tout à fait la peine qu'on le cite en entier :

> « Rex cum suis voluit ita liber esse ;
> Et sic esse debuit, fuitque necesse
> Aut esse desineret rex, privatus jure
> Regis, nisi faceret quidquid vellet; curæ
> Non esse magnatibus regni quos præferret
> Suis comitatibus, vel quibus conferret
> Castrorum custodiam, vel quem exhibere
> Populo justitiam vellet, et habere
> Regni cancellarium thesaurariumque.
> Suum ad arbitrium voluit quemcumque,
> Et consiliarios de quacumque gente,
> Et ministros varios se præcipiente,
> Non intromittentibus se de factis regis
> Angliæ baronibus, vim habente legis
> Principis imperio, et quod imperaret
> Suomet arbitrio singulos ligaret. »

(Le roi voulut être libre ainsi vis-à-vis de ses sujets ;
et il fallut qu'il le fût en effet ; il fallut ou qu'il cessât
d'être roi, privé du droit de régner, ou qu'il fît tout ce
qu'il lui plairait. Les grands du royaume ne devaient
plus s'inquiéter de ceux qu'il mettrait à la tête de
sa suite, ou à qui il confierait le commandement des
armées, ou de celui qu'il lui conviendrait de charger de
rendre la justice au peuple et de prendre pour chancelier et trésorier du royaume. Il voulut nommer chacun suivant son bon plaisir, choisir seul dans n'importe
quelle gent ses conseillers et ses différents ministres, et
ne permit pas aux barons anglais d'intervenir dans les

actes du roi, l'ordre du prince ayant force de loi, et ce qu'il commandait à son gré les obligeant tous.)

(24-57) Par exemple, l'acte voté après la victoire d'Édouard IV à Towton. Entre autres choses, le malheureux Henri VI est non-seulement flétri comme usurpateur, mais il est accusé d'avoir excité personnellement dans le Nord le soulèvement qui amena la bataille de Wakefield et la mort de Richard d'York...

(25-58) Ce statut passa sous Henri VI... Les reproches qu'il exprime méritent d'être notés, et montrent bien les tendances réactionnaires de l'époque... L'original français vaut la peine d'être rapporté :

« Item come lez eleccions dez chivalers des countees esluz a venir as parlements du roi en plusours countees Dengleterre, ore tarde ount este faitz par trop graunde et excessive nombre dez gents demurrantz deinz mesmes les countes, dount la greindre partie estoit par gentz sinon de petit avoir ou de null valu, dount chescun pretende davoir voice equivalent quant a tielx eleccions faire ove les plius valantz chivalers ou esquiers demurrantz deins mesmes les countes ; dount homicides riotes bateries et devisions entre les gentiles et autres gentz de mesmes les countees verisemblablement sourdront et seront, si covenable remedie ne soit purveu en celle partie : Notre seigneur le Roy considérant les premisses ad pourveu et ordene, etc... »

..... Tout document de ce genre porte témoignage de l'accroissement du pouvoir des communes, et des efforts du peuple pour que sa représentation devînt réellement populaire.

(26-59) Voici, par exemple, comment le chroniqueur Hall raconte l'élection d'Édouard IV :

«..... Soudain le lord Fawconbridge... demanda aux citoyens assemblés s'ils voulaient garder le roi Henri pour les gouverner et régner dorénavant sur eux ; à quoi, d'une seule voix, ils répondirent : Non, non. Alors il leur demanda s'ils voulaient servir et aimer le comte de March, et lui obéir comme à leur prince temporel et lord souverain. Ils répondirent cette fois : Oui, oui, criant : Le roi Édouard, avec force acclamations et battements de mains... Le lendemain le comte de March était proclamé roi par toute la ville sous le nom d'Édouard IV. »

(27-61) Macaulay : « Le chevalier du comté fut le trait d'union entre le baron et le marchand. Sur les mêmes bancs où venaient s'asseoir l'orfévre, le drapier, l'épicier, envoyés au Parlement par les villes de commerce, s'asseyaient aussi des membres qui, dans tout autre pays, auraient eu le titre de nobles, les seigneurs héréditaires de manoirs, ayant droit à tenir des cours de justice et à porter la cotte d'armes, et pouvant remonter à la plus honorable origine à travers plusieurs générations. Quelques-uns d'entre eux étaient les plus jeunes fils et les frères de grands lords. D'autres pouvaient s'enorgueillir même d'un sang royal. A la fin, le fils aîné d'un comte de Bedford, désigné courtoisement par le second titre de son père, se présenta comme candidat pour un siége à la Chambre des communes, et son exemple fut suivi par d'autres. Siégeant dans cette chambre, les héritiers des grands du royaume devinrent naturellement aussi jaloux de ses priviléges, que le plus humble des bourgeois auxquels ils étaient mêlés. »

Hallam fait la remarque que c'est sous le règne d'Édouard IV qu'on rencontre les premiers membres d'un bourg portant le titre d'écuyers, et il cite les lettres de Paston comme preuve de l'importance qu'avait dès lors un siége au parlement, et aussi des influences illégitimes déjà mises en usage pour peser sur les électeurs. Depuis l'époque d'Hallam, l'authenticité des lettres de Paston a été mise en doute, mais aussi, je crois, suffisamment établie. Il y en a de vraiment curieuses...

(28-63) Le caractère légal du despotisme de Guillaume... est évident pour quiconque a la plus légère connaissance du Domesday (*a*). Rien ne peut dénoter une plus profonde ignorance du véritable caractère de cet homme et de son temps, que de se figurer Guillaume comme n'étant rien qu'un « grossier soldat », ainsi que je l'ai souvent entendu appeler.

(29-64) Sur la véritable manière d'envisager le règne de Henri VIII, j'ai dit quelque chose dans le *Fortnightly Review*, septembre 1871.

(30-65) Ces deux formes d'influence illégale exercée par la couronne sont expliquées par Hallam, dans son *Histoire constitutionnelle*, au premier volume...

(31-66) Je ne sais pas quel était au juste l'état d'Old Sarum en 1265 ou en 1295 ; mais, peu de temps avant la première date, c'était encore la principale résidence en même temps du comte et de l'évêque. Cependant, sous le règne d'Édouard III, il était si fort déchu que l'on employait les pierres de la cathédrale pour achever le nouvel édifice qui s'élevait dans la plaine.

(32-67) Pour les relations d'Élisabeth avec son parlement, et spécialement pour la conduite hardie des deux Wentworth, Pierre et Paul, voir le cinquième chapitre de l'*Histoire constitutionnelle* d'Hallam, amplement confirmé par le journal de sir Simonds d'Ewes... (*b*).

(*a*) Il ne faut pas oublier qu'il ne prit même possession de l'Angleterre qu'en qualité d'ayant droit du roi des Saxons. On ne pouvait certainement pousser plus loin le respect de la légalité.

(*b*) Les noms de Pierre et de Paul Wentworth (peut-être les deux frères) n'ont pas obtenu la célébrité qu'ils méritaient. On a souvent cité l'élan unique d'indépendance de François Bacon dans la session de 1593 ; on n'aura jamais assez loué la noble constance des Wentworth, de Pierre surtout, le plus connu. Celui-ci ne cessa de défendre pendant trente ans, avec autant de fermeté que de sens et de mesure, contre les Communes elles-mêmes et au risque de sa personne, la liberté de la représentation nationale en face de l'altière et toute-puissante Élisabeth. C'est lui qui, en 1575, comme Manuel chez nous, en 1823, pour avoir fait dans la Chambre un appel énergique à

(33-68) Pour les relations de la couronne et de la
Chambre des communes sous Jacques Ier, voir entre
autres le sixième chapitre d'Hallam, *Histoire constitutionnelle.*

ses priviléges, fut interrompu brutalement et arrêté par l'ordre
de la Chambre même. On l'envoya à la Tour, où il retourna encore plus tard, sans jamais se départir de sa fière et calme
intrépidité.

Dans le siècle suivant, un Pierre Wentworth encore, membre
du Long Parlement, eut le courage de résister à Cromwell et
à Lambert.

CHAPITRE III

(1) C'est la célèbre motion de sir Robert Peel contre le ministère de lord Melbourne, adoptée à la majorité d'une voix, le 4 juin 1841. Voir entre autres l'*Histoire constitutionnelle* de May, au premier volume...

(2) Reste naturellement au ministère le droit d'en appeler au pays par la dissolution du Parlement. Seulement si le nouveau Parlement se déclare aussi contre lui, il est évident qu'il n'a plus rien à faire qu'à se retirer. En 1841, lord Melbourne fit prononcer la dissolution, et, à la rentrée du nouveau Parlement, un amendement à l'adresse fut adopté par une majorité de 91 voix, le 28 août 1841. Les ministres se retirèrent (a).

(3) On verra combien est récent l'établissement de ces principes en étudiant l'histoire du règne de George III dans l'ouvrage de sir T.-E. May. M. Pitt, comme on le sait, resta au ministère malgré les votes répétés de la Chambre des communes, et à la fin, par une dissolution à un moment bien choisi, montra que le pays était avec lui. Cette conduite ne paraîtrait pas constitutionnelle maintenant, mais il ne faut pas perdre de vue l'immense différence qu'il y a entre la Chambre des communes d'alors et celle d'aujourd'hui.

(4) Quoique l'ordre du souverain ne puisse être une excuse pour un acte illégal, et que les ministres qui auraient conseillé cet acte en soient personnellement

---

(a) Et la reine dut congédier celles des dames de la chambre à coucher qui inquiétaient le nouveau cabinet. C'est la *bed chamber question* qui fit tout ce bruit : trait bien **curieux** du parlementarisme anglais.

responsables, il semble cependant qu'on n'ait cherché aucun moyen d'en punir le souverain lui-même. On peut donc dire que le souverain est personnellement irresponsable.

(5) Voir Macaulay. On ne doit pas oublier que des écrivains comme Blackstone et de Lolme ne disent rien du cabinet...

(6) La position inférieure en apparence de l'assemblée qui gouverne en réalité paraît dans une certaine mesure à l'ouverture de chaque session ; mais elle était bien plus accusée dans le cérémonial grotesque, et probablement tombé en désuétude, d'une conférence des deux chambres. L'exemple le plus curieux en est la conférence tenue entre les deux chambres de la Convention en 1688. Voir Macaulay.

(7-8) « Les ministres, » ou « le ministère, » étaient les seuls termes usités à l'époque du bill de Réforme, en 1831-1832. Il serait intéressant de savoir à quel moment la locution actuelle fut mise en vogue, soit dans les débats du Parlement, soit dans la langue usuelle.

(8-9) En février 1854, M. Cayley fit cette motion : « Une commission spéciale examinera quels sont les devoirs du membre qui conduit les affaires du gouvernement dans cette Chambre, et s'il conviendrait de faire de ces fonctions une charge officielle avec traitement. » La motion fut retirée, après avoir été combattue par sir Charles Wood (aujourd'hui vicomte Halifax), M. Walpole, et lord John Russell (aujourd'hui comte Russell). Sir Charles Wood représenta le poste de *leader* de la Chambre comme « un office qui n'existe pas et dont les devoirs ne peuvent être définis. » M. Walpole en parla comme « d'une position totalement inconnue à la constitution du pays. » Cependant je présume que chacun savait en fait que lord John Russell était *leader* de la Chambre des communes, bien que personne ne pût donner une définition légale de sa position. Une discus-

sion s'ensuivit entre M. Walpole et lord John Russell
sur la nature de la responsabilité ministérielle. M. Walpole dit « que, si grave que fût l'opinion de certains
membres sur la responsabilité ministérielle, cette
responsabilité n'existe qu'en vertu de la charge que
détient un ministre, ou peut-être par le fait qu'il est
conseiller privé. Un ministre est responsable des actes
dont il est l'auteur; un conseiller privé de l'avis qu'il
a donné en cette qualité. Jusqu'au règne de Charles II,
les conseillers privés signaient toujours l'avis qu'ils
donnaient ; et jusqu'à ce jour le cabinet n'est pas un
corps reconnu par la loi. Comme conseiller privé, une
personne encourt peu ou pas du tout de responsabilité
pour les actes qu'elle a conseillés, en raison de la difficulté de la preuve. » Lord John Russell « demanda à la
Chambre de réfléchir avant de donner son assentiment
aux doctrines constitutionnelles avancées par M. Walpole. Il restreignait indûment la responsabilité des
ministres... » « J'estime, » continua lord John, « que ce
n'est pas en réalité pour l'affaire que le ministre con-
clut en accomplissant les devoirs particuliers de sa
charge, mais bien pour un avis qu'il a donné et qu'on
peut le convaincre, devant un comité de cette Chambre
ou à la barre de la Chambre des lords, d'avoir donné
en effet, qu'il est responsable, et qu'il encourt les pénalités qui peuvent résulter de la mise en accusation. »

Il est évident que M. Walpole et lord Russell parlaient
ici tous deux de la vraie responsabilité légale, de cette
responsabilité qui peut être sanctionnée par une mise
en accusation ou par toute autre procédure légale, et non
pas de l'espèce plus vague de responsabilité qu'on entend
communément quand on parle de ministres qui sont
« responsables devant la Chambre des communes. »
Celle-ci est sanctionnée, non par une procédure légale,
mais par des motions du genre de celle de sir Robert

Peel, en 1841, ou de celle du marquis de Hartington, en juin 1859... (*a*).

(9-11) Pour le développement de la théorie des juristes sur la prérogative royale, et le défaut absolu de raisons historiques à l'appui, je dois renvoyer une fois pour toute à la discussion d'Allen dans son ouvrage : *l'Origine et le développement de la prérogative royale en Angleterre* » (*Allen's Inquiry into the Rise and Growth of the Royal Prerogative in England*).

(10-13) On trouvera l'histoire de cette mémorable révolution dans Lingard, au troisième volume. Hallam l'a étudiée au point de vue constitutionnel dans son *Moyen âge*, deuxième volume. Hallam fait la remarque que « dans cette révolution de 1399, on montra une préoccupation aussi remarquable des formalités de la constitution, eu égard aux hommes et aux temps, que dans celle de 1688 »... Dans l'acte de déposition, on a enregistré l'abdication de Richard, aussi bien que ses crimes particuliers et son incapacité générale de gouverner, le tout rassemblé et classé comme autant de motifs de sa déposition. La formule de déposition est conçue en ces termes : « Propter præmissa, et eorum prætextu, ab omni dignitate et honore regiis, *si quid dignitatis et honoris hujusmodi in eo remanserit*, merito deponendum pronunciamus, decernimus, et declaramus ; et etiam simili cautela deponimus. » Puis le trône est déclaré vacant... Henri fait connaître alors ses prétentions, exposant cet étrange amalgame de titres que commentent la plupart des récits de l'événement; et les États, sans dire lequel des arguments d'Henri ils acceptent, lui octroient le

(*a*) La direction de la Chambre des communes (*leadership*) et la présidence du Cabinet sont, depuis longtemps, presque toujours confondues dans la même personne. La division de ces deux rôles, comme elle a lieu sous le ministère actuel, fait exception. On sent quelle puissance est ainsi ramassée dans une seule main, ou plutôt dans l'Assemblée qui la fait mouvoir.

royaume : « *concesserunt unanimiter ut Dux præfatus super eos regnaret.* » On pourrait difficilement trouver un exemple plus frappant de déposition et d'élection, sauf que, dans les termes que j'ai mis en italiques, il semble y avoir une sorte de préoccupation inquiète de suppléer, par l'acte de déposition, à un défaut possible dans l'abdication probablement forcée du roi.

La narration française par un partisan de Richard (*Lystoire de la traison et mort du roy Richart Dengleterre*) donne, à quelques égards, un récit différent. L'assemblée est appelée Parlement, et l'on fait asseoir tout de suite le duc de Lancastre sur le trône. Alors sir Thomas Percy « cria : Veez Henry de Lencastre roy Dengleterre ! Adonc crièrent tous les seigneurs prelaz et le *commun de Londres*, ouy, ouy nous voulons que Henry duc de Lencastre soit nostre roy et nul autre. » Quant aux mots « le commun de Londres, » d'autres lisent « le commun », « le commun Dengleterre et de Londres », et « tout le commun et conseil de Londres ».

(11-14) Il faut se rappeler que Charles Ier ne fut pas déposé, mais exécuté sans avoir cessé d'être roi ; on l'appela roi dans l'accusation, dans le jugement et dans l'ordre de décapitation.

(12-24) Monk souleva cette question en 1660. Voyez Lingard.

(13-16) Lingard fait remarquer qu'à ce moment même « il n'y avait pas de cour pour influencer, pas d'intervention militaire pour gouverner les élections. » On peut donc regarder la Convention comme ayant été plus librement élue que bien des Parlements.

(14-17) Le Long Parlement s'était dissous lui-même et avait décrété l'élection de ses successeurs... Voir Lingard et aussi l'*Histoire constitutionnelle* d'Hallam où le sujet est traité à fond, et où l'auteur fait remarquer que « le Parlement suivant, dans ses procès-verbaux, ne nommait jamais autrement ses prédécesseurs que « la dernière assemblée ».

(15-19) Voir la discussion sur le vote fameux de la Convention-parlement dans Hallam, *Histoire constitutionnelle*, et dans Macaulay. Hallam fait remarquer que « le mot *forfaiture* aurait mieux atteint le but que le terme *abdication* ou *désertion* », et il ajoute : « on procéda. non par les règles établies du gouvernement anglais, mais suivant le droit général du genre humain. On ne songea pas tant à la Grande Charte qu'au pacte originel de la société, et l'on rejeta Coke et Hall pour Hooker et Harrington. » Mon opinion est qu'il faut remonter à ce qu'Hallam appelle « les hautes lois constitutionnelles » pour justifier les actes de la Convention, mais qu'ils étaient pleinement justifiés par les précédents de l'histoire d'Angleterre, du huitième au quatorzième siècle.

Les états d'Écosse, il est bon de se le rappeler, ne reculèrent pas devant l'emploi du mot *forfaiture*.

(16-20) Voir l'acte Ier Guillaume et Marie « pour écarter et prévenir toutes questions et disputes concernant la réunion et le droit de siéger de ce présent Parlement. » (*Revised Statutes*, II, 1.) Cet acte décrète « que les lords spirituels et temporels avec les communes, assemblés à Westminster, le 22e jour de janvier, l'an de Notre-Seigneur 1688 (*a*), et qui siégèrent le 13 du mois de février suivant, sont les deux chambres du Parlement, et en cette qualité seront et sont, par les présentes, confirmés et autorisés pour toute intention, interprétation et dessein, quels qu'ils soient, sans tenir compte de l'absence du *Writ* ou des *Writs* de convocation, d'aucun défaut de forme ou de n'importe quel vice, comme s'ils avaient été convoqués selon la forme usuelle. » L'historique complet de la question est dans Macaulay, au 4e volume. Toute la matière y est résumée en ces termes : « On répondit que le décret royal était pure affaire de forme, et qu'exposer la substance de nos lois et de nos

(*a*) Nous datons 1689 : les Anglais adoptèrent bien après nous le calendrier grégorien.

libertés à un hasard sérieux pour sauver une forme serait la superstition la plus déraisonnable. Partout où le souverain, les pairs spirituels et temporels, et les représentants librement élus par les corps constituants du royaume se trouvaient réunis, il y avait l'essence d'un Parlement. » Dans les anciens temps, on aurait peut-être jugé qu'il y avait l'essence d'un Parlement là même où eût manqué le souverain.

(17-21) Macaulay : « On avait mis en circulation un article où la logique d'un méchant petit avocat chicaneur était employée à prouver que les *Writs* publiés en leur nom commun par Guillaume et Marie cessaient d'avoir force de loi, dès lors que Guillaume régnait seul. Mais cette misérable chicane avait complétement échoué. Il n'en avait pas même été question à la Chambre basse, et on n'en avait parlé à la Chambre haute que pour l'écarter dédaigneusement. » A mon point de vue, la chicane est certainement misérable, mais il est difficile de voir en quoi elle est plus misérable que les autres.

(18-27) Le plus fameux de ces testaments est celui du roi Alfred. Ce point est discuté tout au long dans Allen, « *Royal prerogative* ».

(19-29) Édouard Ier est le plus ancien roi dont le règne soit daté d'une époque antérieure à son couronnement. Il était hors de son royaume (*a*) à la mort de son père, et son droit fut reconnu sans opposition. Mais, même dans ce cas, il y eut interrègne. Les années du règne d'Édouard Ier ne sont pas calculées du jour de la mort de son père, mais du jour de ses funérailles, lorsqu'Édouard fut reconnu roi, et que les prélats et les nobles lui prêtèrent le serment d'allégeance...

(*a*) On sait qu'après avoir vaincu Leicester à Evesham, il était allé rejoindre saint Louis devant Tunis, et qu'il continua la croisade après lui. Ses aventures en Palestine sont des plus dramatiques.

La doctrine qu'il ne peut y avoir d'interrègne semble avoir pris forme pour plaire à Jacques Ier, et elle fut naturellement détruite par le grand vote de 1688. Maintenant, bien entendu, il n'y a pas d'interrègne ; non pas du tout en vertu d'une mystérieuse prérogative de la couronne, mais simplement parce que l'acte de *Settlement* a réglé d'une façon particulière la transmission de la couronne.

(20-31) Blackstone, réduit à ses seules forces dans les temps d'ignorance où il vivait, est peut-être pardonnable. Mais ce qui est véritablement trop fort, c'est que, juriste après juriste, tous, dans des éditions successives, reproduisent invariablement ces abasourdissantes âneries qui passaient à l'époque de Blackstone pour notre ancienne histoire constitutionnelle..... Les commentaires sur la succession du roi Jean, dans l'édition de Blackstone, publiée par Kerr en 1857, sont particulièrement amusants, mais trop longs pour être cités.

Il faut cependant que je mentionne un point. Pour prouver que la succession est strictement héréditaire, Blackstone, au 1er volume de Kerr, cite le statut 25 d'Édouard III..... Nous devons supposer que ces savants juristes avaient lu d'un bout à l'autre le statut qu'ils citaient ; mais il est bien étonnant qu'ils n'aient pas vu que ce statut n'a absolument aucun rapport avec l'établissement d'une succession héréditaire à la couronne. Voici le texte original :

« La lei de la Corone Dengleterre est, et ad este touz jours tiele, que les enfantz des rois Dengleterre, *queu part qils soient neez en Engleterre ou aillors,* sont ables et deivent porter heritage, après la mort lour auncestors. »

L'objet du statut est tout à fait différent de ce qu'on pourrait croire à la manière dont Blackstone le cite. Les mots significatifs sont ceux qui ont été mis en italique. L'objet du statut est de faire que les enfants du roi et autres nés de parents anglais de l'autre côté de la mer soient capables d'hériter en Angleterre. En tant qu'il s'agit de la succession à la couronne, l'effet en est simplement de mettre l'enfant du roi né hors royaume dans les mêmes conditions que son frère né dans le royaume même, c'est-à-dire, dans l'esprit de notre vieille loi, de donner à tous deux également la préférence due à un Ætheling (noble de sang royal).

(21-34) La succession d'un petit-fils, qu'on vit pour la première fois en Angleterre dans le cas de Richard II, marque une époque distincte dans le progrès de la doctrine du droit héréditaire. Elle implique la doctrine de la représentation, théorie tout à fait subtile et technique, et qu'il n'est pas à beaucoup près aussi facile ni vraisemblable de rencontrer dans un état primitif de société que celle de la proximité de parenté. Il ne fut fait aucune opposition contre l'avénement de Richard II; mais il semble qu'il y ait eu dans l'esprit des contemporains une opinion fortement accréditée que Jean de Gaunt cherchait à déposséder son neveu. Dans les anciens temps, en sa qualité de l'aîné et du plus capable des fils survivants d'Édouard III, Jean eût été probablement élu sans qu'on se préoccupât en aucune manière des droits du jeune Richard.

(22-35) Dans le langage officiel des Yorkistes, les trois rois Lancastriens furent des usurpateurs, et le duc Richard était roi *de jure*, sinon *de facto*. Henri VI, dans l'acte de 1461 (*a*), est « Henri l'usurpateur, dernièrement appelé le roi Henri VI. » La prétention de la maison d'York se fondait sur une descendance par les femmes, et fort embrouillée, de Lionel, duc de Clarence, fils d'Édouard III, plus âgé que Jean de Gaunt. Une prétention si purement technique n'avait jamais été mise en avant jusque-là ; mais on peut être parfaitement sûr qu'on n'au-

(*a*) Qui proclama Édouard IV, à Londres, après la bataille de Saint-Albans.

rait jamais cru qu'elle pût avoir grand poids, si le duc Richard, par une autre branche, n'était descendu d'Édouard III, en ligne masculine, et s'il n'avait été, en outre, le noble le plus capable et le plus populaire du pays.

(23-36) Une élection par prévision avant la vacance du trône empêchait naturellement tout interrègne. Dans ce cas, la formule : « Le roi est mort, vive le roi (a) » était parfaitement vraie. Le nouveau roi était déjà choisi et couronné, et il n'avait rien à faire que de continuer à régner seul au lieu de régner en commun avec son père, précisément comme Guillaume continua à régner seul après la mort de Marie. En Allemagne, ce fait se produisait toutes les fois qu'un roi des Romains était élu pendant la vie de l'empereur régnant. En France, sous les premiers rois de la dynastie parisienne, cet usage fut surtout commun, et ce fait qu'il y eut rarement ou même qu'il n'y eut jamais d'interrègne, contribua beaucoup sans aucun doute à ce que la couronne devînt en France, comme il arriva, la couronne la plus rigoureusement héréditaire de toute la chrétienté. En Angleterre, le seul cas bien authentique du couronnement d'un fils durant la vie de son père est celui d'Henri, fils d'Henri II, désigné sous le nom d'Henri le Jeune, et quelquefois d'Henri III (b).

(24-40) Le testament d'Henri VIII est discuté tout au long dans Hallam, au 1er volume et dans Lingard..... Il en résulte que Marie et Élisabeth régnèrent en réalité, non par la vertu d'une descendance royale, mais bien d'une substitution particulière qui donnait la couronne aux filles illégitimes du roi, comme elle aurait pu la donner au premier étranger venu.....

(a) En français dans le texte.
(b) Henri Court-Mantel. Mais sa femme Marguerite, fille de Louis VII, ne fut pas couronnée avec lui.

Pour trouver l'analogue des pouvoirs extraordinaires ainsi accordés à Henri VIII, il faut remonter jusqu'au temps d'Æthelwulf.

(25-41) La position des filles d'Henri VIII dut naturellement se ressentir dans la pratique de ce fait que chacune était l'enfant d'une mère reconnue comme épouse légitime au moment de sa naissance. Il y avait sévérité manifeste à ranger des enfants nés dans ces conditions parmi les enfants illégitimes ordinaires ; mais, dans la rigueur de la loi, comme Henri épousa Anne Boleyn du vivant de Catherine d'Aragon, la fille de Catherine et la fille d'Anne ne pouvaient être légitimes toutes deux.....

(26-43) Le droit de Jacques fut reconnu par son premier Parlement, exactement comme les prétentions d'autres rois qui arrivèrent au trône d'une manière irrégulière l'avaient été avant lui. Il faut remarquer cependant qu'il fut couronné avant d'avoir été reconnu.....

(27-44) Le fait que Jacques Ier, — un roi qui monta sur le trône sans aucune espèce de titre que celui qu'il acquit par un acte du Parlement postérieur à son couronnement, — fut reconnu sans 'a moindre opposition, est une des choses les plus remarquables de notre histoire..... Voyez les remarques d'Hallam sur l'espèce d'élection tacite par laquelle' on pourrait dire que Jacques Ier régna. « Pourquoi serait-il absurde d'appeler ce roi et ses enfants des usurpateurs ? C'est qu'il avait ce que les flatteurs de sa famille affectaient le plus de de dédaigner, le consentement du peuple, non pas sans doute exprimé par un suffrage régulier ou une élection positive, mais ratifiant unanimement et volontairement ce qui, de soi, ne pouvait certainement lui donner aucun droit, la décision du Conseil de la feue reine qui l'appelait au trône. »

(28-45).... Le roi avait objecté contre l'autorité de la Cour qu' « il n'y voyait aucun des lords qui devaient faire un Parlement, y compris le roi...... » C'était là incontestablement le côté fort de l'argumentation de Charles, ce défaut de concours de la part des lords. Les deux Chambres du Parlement s'étaient concertées dans la procédure suivie contre Édouard II et Richard II...

(29-47) Il est à peine nécessaire d'insister sur un fait si certain..... En tout cas, voici ce qu'on lit dans May, au 2ᵉ volume : « Le pouvoir croissant de la Chambre des communes, avec une représentation améliorée, a été patent et indiscutable. Responsable devant le peuple, elle a en même temps tenu en main la force du peuple. N'étant plus subordonnée à la couronne, aux ministres, aux pairs, elle est devenue l'autorité prédominante dans l'État. »...

(30-48) Plutarque, dans son *Lycurgue*, raconte que le roi Théopompe, ayant consenti à ce que le pouvoir royal fût diminué au profit de celui des éphores, fut réprimandé par sa femme, parce que le pouvoir qu'il transmettrait à ses descendants serait moins grand que celui qu'il avait reçu de ses ancêtres : ὃν καί φασιν ὑπὸ τῆς ἑαυτοῦ γυναικὸς ὀνειδιζόμενον ὡς ἐλάττω παραδώσοντα τοῖς παισὶ τὴν βασιλείαν, ἢ παρέλαβε, μείζω μὲν οὖν, εἰπεῖν, ὅσῳ χρονιωτέραν· τῷ γὰρ ὄντι τὸ ἄγαν ἀποβαλοῦσα μετὰ τοῦ φθόνου διέφυγε τὸν κίνδυνον. (Il sera d'autant plus grand, lui dit-il, qu'il sera plus durable ; car, en réalité, débarrassé d'un excès qui excitait l'envie, il aura échappé au danger)....

(31-49) Il serait parfaitement oiseux et sans objet pratique, dans l'état présent de l'Angleterre, de discuter les mérites respectifs de la république et de la monarchie constitutionnelle. Non-seulement la monarchie constitutionnelle est fermement enracinée dans le cœur du peuple, mais elle a des avantages particuliers sur la forme républicaine, tout comme la forme républicaine a des avantages sur elle. On peut se demander si le peuple n'a pas un plus sérieux contrôle sur l'Exécutif, quand la Chambre des communes, ou, en dernier ressort, le peuple lui-même dans les *polling booths* (comme en 1868), peut, à un moment donné, déplacer un gouvernement, qu'il n'en a dans les constitutions où un Exécutif, si fort qu'il puisse avoir trompé les espérances de ceux qu'ils l'ont élu, ne peut être écarté avant l'expiration du terme de sa charge, excepté s'il y a preuve légale d'un crime défini. Mais, d'une manière absolue, il semble réellement qu'il n'y ait aucune raison pour que la forme de l'Exécutif ne soit pas considérée comme un sujet aussi légitime de discussion que la Chambre des lords, l'Église établie, l'armée permanente, ou toute autre question. C'est tout simplement faire preuve d'ignorance, ou de pis encore, que d'employer le mot de « républicain » comme synonyme de coupe-jarret ou de filou. Je ne vois pas que dans les pays républicains ces formes de langage soient appliquées aux admirateurs de la monarchie; mais les gens qui parlent de la sorte sont précisément ceux qui n'ont aucune idée de la république, soit dans le passé, soit dans le présent. Ils ont très probablement gravi quelque montagne de la Suisse, mais ils ont eu soin de ne pas s'informer de ce qu'était la constitution du pays qui s'étendait à leurs pieds....

APPENDICE

LISTE

DES PRINCIPAUX OUVRAGES AUXQUELS RENVOIE

L'AUTEUR

Stubb's *Documents illustrative of English History*
Freeman's *History of Norman Conquest*.
Freeman's *Historical Essays*.
Hallam, *Moyen Age*.
Hallam, *Histoire Constitutionnelle*.
Macaulay.
May's *Constitutional History*.
Lingard.
Mathieu Paris.
Allen's *Inquiry into the Rise and Growth of the Royal Pre-rogative in England*.
Francis Palgrave's *English Commonwealth*.
Revised edition of the Statutes.

LA BATAILLE DE MALDON

L'auteur, dans son premier chapitre, rapproche
cette ballade anglo-saxonne d'un passage de Tacite
sur le compagnonnage militaire des Germains.
Nous transcrivons ici le texte que nous annoncions
au lecteur en le traduisant à la page 47.

> Thereon hewed him
> The heathen soldiers ;
> And both the warriors
> That near him by-stood ;
> Ælfnoth and Wulfmær both
> Lay there on the ground
> By their lord ;
> Their lives they sold.
> There bowed they from the fight
> That there to be would not.
>
> There were Odda's bairns
> Erst in flight;
> Godric from battle went,
> And the good man forsook
> That to him ofttimes
> Horses had given.

He leapt on the horse
That his lord had owned,
On the housings
That it not right was.

There was fallen
The folk's Elder,
Æthelred's Earl;
All there saw
Of his hearth's comrades
That their lord lay dead.
Then there went forth
The proud Thanes,
The undaunted men
Hastened gladly;
They would there all
One of two things,
Either life forsake,
Or the loved one wreak.

Neither on that folk
Shall the Thanes twit me
That I from this host
Away would go
To seek my home,
Now mine Elder lieth
Hewn down in battle;
To me is that harm most:
He was both my kinsman
And my lord.

How thou, Ælfwine, hast
All our Thanes
In need-time cheered.
Now our lord lieth,
The Earl on the earth,
That of us each one
Others should embolden
Warmen to the war,
That while we weapons may

Have and hold
The hard falchion
Spear and good sword.

I this promise
That I hence nill
Flee a footstep,
But will further go,
To wreak in the fight
My lord and comrade.
Nor by Stourmere
Any steadfast hero
With words need twit me
That I lordless
Homeward should go,
And wend from the fight.

. . . .

, ...

Rath was in battle
Offa hewn down,
Yet had he furthered
That his lord had pledged,
As he ere agreed
With his ring-giver
That they should both
To the borough ride
Hale to home,
Or in the host cringe
On the slaughter place,
Of their wounds die.
He lay Thane-like
His lord hard by.

Mind shall the harder be,
Heart shall the keener be,
Mood shall the more be,
As our main lessens.
Here lies our Elder,

All down hewn,
A good man in the dust;
Ever may he groan
Who now from this war-play
Of wending thinketh.
I am old of life;
Hence stir will I not,
And I by the half
Of my lord,
By such a loved man
To lie am thinking.

UN EXTRAIT DU POËME DE BEOVULF

Nous n'avons pas résisté au désir de citer, à côté de l'intéressant document que donne M. Freeman, un autre morceau, non moins curieux, extrait de *Beovulf* (a). Ceci est un poëme épique, également en anglo-saxon, mais qui remonte à une antiquité bien autrement reculée, à l'époque où les peuples qui parlaient cette langue, confinés encore dans la basse Scandinavie, n'avaient pas même abordé les bouches de l'Elbe et les rivages germains. Plus tard, au cinquième ou sixième siècle, il fut remanié, et, de nos jours, les trois mille vers et plus dont il se compose ont été traduits en entier par les savants allemands.

Le passage que nous a rappelé la ballade sur la bataille de Maldon caractérise aussi d'une manière frappante l'étroite amitié qui liait les compagnons à leur seigneur. Le héros de la vieille épopée, Beovulf, prince des *Geôtâs* (b), *Veredâs* ou Goths, devançant ses guerriers qui le suivent, s'est attaqué à ce dragon invincible qu'on retrouve dans les fables

(a) Prononcez *Biovulf*.
(b) Prononcez *Ghiôtâs*.

primitives de tous les peuples. Le monstre vomit
sur le vieux roi de si terribles jets de flamme et le
serre de si près que celui-ci va succomber. Voici
ce qui arrive, d'après le récit même du poëte, que
nous avons essayé de reproduire en vers, littéralement, sur le texte anglo-saxon de Moritz Heyne,
éclairci par la version allemande de Karl Simrock
(Paderborn, 1873) (a).

Alors s'enfuit la troupe à l'aspect du danger,
Des nobles jeune élite ; autour de lui pressée,
Loin d'achever la lutte, elle veut se ranger
A l'abri dans un bois. En son âme offensée,
Un seul, brave et loyal, sent bouillir sa valeur.

. . . .

Pour la première fois, au sein de la tempête
Du combat, il suivait le Chef et le Seigneur
Qui le combla de dons. A l'aider il s'apprête.
Son cœur ne faillit point, et de sa faible main
Ne laissa pas tomber le glaive de son père.

. . . .

Viglàf, aux Compagnons déclarant son dessein,
Exhale en mots nombreux une douleur amère :
« Mon âme a retenu — depuis qu'il nous donna
« L'ale dans ses festins — notre promesse fière
« Au noble Chef et maître, alors qu'il nous orna
« Nous, ses guerriers, d'anneaux. La salle de la b`ère
« Entendit nos serments. Notre bras empressé
« Devait, s'il le fallait, de sa munificence
« Payer un jour les dons : cottes en or tressé,
« Casques, glaives tranchants. C'est nous de préférence
« Qu'il a voulu choisir dans le camp tout entier,
« En partant pour tenter cette rude aventure,
« Parce qu'il vit en nous le cœur le plus altier,

(a) Il faut voir aussi l'attachante analyse et les extraits qu'en
donne M. Taine dans son *Histoire de la littérature anglaise.*

« Pour manier l'épée une adresse plus sûre,
« Et pour porter le casque un front plus vigoureux.
« Il comptait cependant, seul nous sauvant peut-être,
« Accomplir cet exploit par un effort heureux,
« Lui, le Pasteur du peuple et notre Seigneur-maître.
. . . .
« . . . . Ce jour funeste a lui
« Où le Chef des guerriers a besoin de notre aide
« Et de vaillants lutteurs. Allons, courons à lui,
Défendons le héros, avant qu'enfin il cède
« A l'effroyable ardeur de ce feu consumant.
« Quant à moi, Dieu le sait, je ne sens qu'une envie :
« A la flamme livrant ce corps mon vêtement,
« Pour l'anneau d'or du Chef lui dévouer ma vie.
« Oui, ce serait grand'honte avec nos boucliers
« De rentrer au pays, chacun dans sa demeure,
« Si l'horrible dragon, sous nos coups déployés,
« Ici ne s'abattait : il ne faut pas que meure
« Le roi des Védéras. Nous ne suivrions pas
« Nos usages anciens, si notre Chef et maître,
« Avec tant de guerriers, les héros des Geôtàs,
« Souffrait et tombait seul. Tout en commun doit être
« Entre le Chef et nous, le brillant bouclier,
« Et l'armure tressée, et le casque et la lance,
« Tout ! » A ces mots, Viglâf au Chef qui va plier
Court, et par la fumée et la flamme s'élance,
S'écriant, le héros ! son bouclier levé :
« Courage, cher Beovulf, ...
. . . .
. . . . à ton secours j'arrive ! »

FIN.

TABLE

FIN DE LA TABLE.

2342-77. CORBEIL. — Typ. et stér. de CRÉTÉ.